ARCHI PETIT

CONCOURS
DE MICRO ARCHITECTURE

UNE PETITE
ARCHITECTURE
QUI DOIT FAIRE
LE MAXIMUM
!

www.minimaousse.citechaillot.fr

PETIT MAIS

GRAND

ALTER-
CRÉATIF
ITATIF

MINI MAOUSSE 4
2009-2010

CONCOURS
DE MICRO ARCHITECTURE

ARCHI PETIT

SOUS LA DIRECTION DE
FIONA MEADOWS
RESPONSABLE DE PROGRAMMES
À LA CITÉ DE L'ARCHITECTURE
ET DU PATRIMOINE /
INSTITUT FRANÇAIS D'ARCHITECTURE

FRANÇOIS DE MAZIÈRES
PRÉSIDENT DE LA CITÉ DE L'ARCHITECTURE ET DU PATRIMOINE

UNE ARCHITECTURE QUI DONNE DE L'AIR AUX PLUS PETITS

Au printemps 2003, la Cité de l'architecture & du patrimoine et les Grands Ateliers de l'Isle-d'Abeau, avec le soutien de la Direction de l'architecture et du patrimoine et de la Délégation aux arts plastiques au ministère de la Culture et de la Communication, ont lancé le premier concours biennal de microarchitecture ouvert aux étudiants des écoles d'architecture, de design, d'art et de paysage. Ce concours souhaitait montrer que la petite échelle peut se décliner en architecture à travers de multiples projets et objets rivalisant d'inventivité et de poésie.

Pour sa quatrième édition, Fiona Meadows a proposé aux étudiants d'adopter le point de vue des enfants et de réfléchir sur le thème : « Construire XXS pour les + petits » associé à l'École supérieure du bois.

Plus de mille étudiants ont relevé le défi et imaginé une microarchitecture à insérer dans une chambre, un jardin, une cour d'école, un espace libre à conquérir, et tout cela en intégrant les enjeux environnementaux.

De ces 320 projets, le jury, présidé par Marcel Rufo, en a sélectionné 8 très ingénieux, ludiques et de grande qualité. Cet ouvrage vous en donne un aperçu, et je souhaite que vous soyez, comme moi, séduit par cette sélection, avant de pouvoir venir les découvrir à l'automne exposés les galeries de la Cité.

FRANCIS RAMBERT
DIRECTEUR DE L'INSTITUT FRANÇAIS D'ARCHITECTURE

QUAND LE LUDIQUE OUVRE LARGEMENT SUR LES PRATIQUES

Plus que jamais l'imagination est au pouvoir… Qui pouvait penser qu'un *Bonobo* surgirait au coin de la rue, ou qu'un *Nautilus* émergerait dans une chambre d'hôpital ? Et qui aurait imaginé qu'une bibliothèque puisse devenir un lieu ludique, que des cubes pouvaient s'imbriquer pour donner libre cours à des combinaisons d'usage, ou qu'avec le *Tambour'image*, l'architecture pouvait devenir un instrument de musique ? Et bien malin celui qui aurait prédit la déferlante d'une vague en pleine ville, au travers de la structure souple *Another ground*.

Avec sa quatrième session, le concours Mini Maousse confirme sa détermination à explorer les multiples facettes de la petite échelle. Et les étudiants des écoles d'art, d'architecture et de design ont bien répondu à l'appel. Preuve en est cette prolifique série de projets de « microarchitecture ».

Cet exercice aura mobilisé les jeunes Français et Tunisiens sur un des thèmes les plus dynamisants : créer un espace de liberté qui permette autant le partage que l'individualisation. Sur la base de cet oxymore, la consultation a largement porté ses fruits. Dans cette aventure, le ludique vise à la plus ouverte des pratiques. Dans tous les recoins du possible. Le jury, présidé par le professeur Marcel Rufo, pédopsychiatre qui connaît bien les enjeux de l'architecture pour avoir notamment porté le projet de la maison des adolescents, plus connue sous le nom de Maison de Solenn, réalisé par Ibos & Vitart à Paris, s'est attaché à sélectionner les propositions. Des « microarchitectures » façonnables exclusivement à partir du bois, du papier ou du carton.

Mais dans l'esprit de cette consultation, les adolescents ont bien trop poussé pour entrer dans l'univers « XXS » imaginé. Les grands gagnants sont les moins de 8 ans. Le bonheur en 3D.

ARNAUD GODEVIN
DIRECTEUR DE L'ÉCOLE SUPÉRIEURE DU BOIS

MINI MAOUSSE : CROISONS NOS REGARDS AUTOUR DU BOIS

Porteur de valeurs fortes, le bois a toujours été utilisé par l'homme, dans toutes les cultures, sur tous les continents. Naturellement renouvelable, il offre un panel d'utilisations extrêmement diversifié : le meuble, la construction, l'énergie, le nautisme… L'École supérieure du bois s'associe à la Cité de l'architecture et du patrimoine pour valoriser ce matériau mais aussi les savoir-faire qui l'entourent. Le concours Mini Maousse est un rendez-vous original pour l'expression des métiers du bois, de l'architecture et du design, de la création et de l'innovation.

En France, depuis près de 5 ans, le bois connaît un regain d'intérêt. Le Grenelle de l'Environnement a permis à ce matériau d'être remis au centre des débats. La forêt française s'inscrit dans cette dynamique par une gestion durable. Réservoir de biodiversité, elle est un lieu d'agrément et de protection de la faune, de la flore et de l'eau. Le rôle de chacun pour son développement est crucial. La préservation de la forêt dépend de la valeur que nous lui donnerons. Ainsi, la forêt ne laissera pas sa place à des cultures plus « temporairement » rentables.

Consciente de cet enjeu, l'École supérieure du bois forme des techniciens et des ingénieurs pour la filière bois depuis près de 77 ans. Les formations dispensées à l'ESB s'inscrivent dans une démarche de découverte de « nouveaux territoires ». Les étudiants doivent imaginer des applications du bois innovantes et de nouveaux marchés pour compléter les produits traditionnels. Ils doivent également maîtriser la connaissance du matériau, base du respect du bois. L'ouverture de nos élèves ingénieurs à d'autres domaines que les sciences et les technologies est fondamentale. Elle permet de dépasser la complexité de l'environnement qui est le leur. Les arts, la philosophie, les sciences humaines sont quelques-unes des composantes essentielles à la créativité, source d'innovation.

La participation de l'École supérieure du bois au concours Mini Maousse relève de cette volonté de croiser les regards sur le matériau bois. Les spécialistes du matériau travaillent avec de jeunes architectes et designers qui ont une approche complémentaire à celle des ingénieurs. L'entreprise performante s'est affranchie des clivages entre ingénieurs et architectes. Pourtant, ces métiers constituent de plus en plus souvent le noyau d'une équipe projet. Cette séparation des compétences trouve trop souvent son origine dans les écoles. Mini Maousse est un moyen de nous en guérir.

SOM
MAI
RE

FIONA MEADOWS
COMMISSAIRE, RESPONSABLE DE PROGRAMMES, INSTITUT FRANÇAIS D'ARCHITECTURE, CAPA

ARCHI PETIT !

Ne pas oublier nos chérubins !
Depuis mon arrivée, il y a dix ans, à l'Institut français d'architecture, j'ai pris ce thème en leitmotiv. Pour faire aimer l'architecture contemporaine par le plus grand nombre, il faut passer par nos enfants. L'essentiel n'est pas d'en faire des amateurs ou de futurs constructeurs mais surtout des citoyens actifs, responsables, qui pourront exiger en tant que connaisseur, une ville de qualité, dont l'architecture sera à valeur humaine.

L'histoire a commencé simplement, en invitant les enfants à venir faire des ateliers pédagogiques au sein de cette institution (qui se trouvait à l'époque rue de Tournon). Très vite, il a paru important d'aller au-delà, c'est-à-dire dans des lieux où l'on ne nous attendait pas, où la culture se faisait rare, avec toujours comme préoccupation première, notre jeune public : dans les hôpitaux pour enfants atteints du sida, du cancer, dans la zone contaminée de Tchernobyl pour travailler sur le patrimoine négatif, au Liban, au nord Cameroun ou à Fès... En 2002, des créateurs ont été sollicités pour imaginer des cabanes dans 200 cours de récréation puis récemment, en 2010, 13 architectes ont réalisé des cabanes en carton comme produits à destination de l'industrie du jouet.

Il a semblé tout naturel d'embarquer nos étudiants des écoles d'art, de design, d'architecture, de paysage, d'ingénieurs de France et aussi de Tunisie dans cette aventure : travailler sur l'enfance. Tel a été le défi lancé par la Cité de l'architecture et du patrimoine à travers le concours Mini Maousse pour sa quatrième édition. Nos jeunes créateurs ont conçu des scénarios d'espaces de vie pour nos petits de moins de 8 ans. Et le succès fut au rendez-vous puisque plus de 320 équipes en France ont répondu !

ARCHI PETIT, ARCHI POUR PETIT

Le concours invite les étudiants à imaginer des architectures réduites à destination des plus jeunes. La petite architecture ne désigne pas la taille d'un bâtiment, comme on pourrait le croire, mais exprime une attitude conceptuelle, celle de quitter la logique du maximum pour tendre vers celle du minimum « car, c'est en s'attachant au "petit", au "micro", à l'individu, que l'on peut comprendre et agir sur l'ensemble, le "macro", la collectivité.[1] »

Nous consommons trop. Nous gaspillons trop. Nous produisons trop. Une petite architecture qui fait le maximum ! tel est le slogan depuis le début de ce concours.

1 / Patrick Bouchain, *Construire autrement, comment faire ?*, éditions Actes Sud, Arles 2006, p.8.

La « petite architecture » désigne tout ce qui, dans la construction, démontre que l'on peut faire mieux avec moins. Mais bien entendu, il ne s'agit pas d'une logique misérabiliste ! Tout au contraire, c'est une recherche de l'extraordinaire à travers des objets architecturaux inventifs, efficaces et ingénieux et toujours faire « juste », éviter le superflu sans pour autant tendre vers la réduction et l'austérité, ou l'objet ennuyeux.

Cet ouvrage se veut un répertoire non exhaustif d'expériences innovantes dues à des artistes, designers, paysagistes et étudiants plus ou moins connus. Élaborés avec cet état d'esprit Mini Maousse, ces projets, réalisés ou non, tendent à offrir aux plus jeunes un environnement qui échappe aux produits standards véhiculés par la publicité.

Dans le premier chapitre « Petit mais grand », des créateurs jouent comme Alice ou Gulliver, avec des échelles différentes sur une série de petits espaces contemporains [2] pour dormir, jouer, prendre le vert.

Le second chapitre « Petit mais alternatif » présente d'une part des expériences architecturales inédites dans sept pays où l'on construit autrement et où l'on tend vers une architecture humaniste, et d'autre part des activités d'ateliers de sensibilisation à l'architecture menées dans une optique très militante.

Le dernier chapitre « Petit mais créatif » est l'aboutissement du concours Mini Maousse présidé par le pédopsychiatre Marcel Rufo dont l'autorité est internationalement reconnue. Plusieurs projets pour nos bambins ont été réalisés par l'École supérieure du bois de Nantes et nous espérons dans le futur de nombreux autres projets.

Cet ouvrage est un hommage à tous ces créateurs qui cherchent à enchanter notre monde. Mini Maousse s'intéresse cette fois-ci au « small people » trop souvent oublié dans les politiques de la ville. Pour que le jeune enfant devienne un usager à part entière, il faut lui offrir des espaces sûrs mais surtout de beaux espaces contemporains. C'est ainsi que l'enfant se construira, s'épanouira et sera heureux. En mai 68, dans sa conférence à la Sorbonne, Françoise Dolto, témoignant sur la crèche dite « sauvage » déclarait : « C'est dès la naissance du jeune enfant que l'apprentissage social doit commencer, et il n'est possible que dans un espace en totale sécurité. C'est par tout un jeu d'appropriation d'espace et des personnes nouvelles qu'il peut développer son autonomie, son sens de l'observation, sa sociabilité, sa créativité.[3] ».
Rien n'est assez beau pour nos enfants !

2 / L'ouvrage *Mobilier design pour enfants* de Carole Daprey (édité par L'As de pique, Paris, 2009) présente les 50 pièces les plus emblématiques d'espaces pour enfants de 1920 à 1970 et prouve bien que cette quête de l'architecture pour l'enfance est à comprendre dans une perspective historique du XXe siècle

3 / Cette citation de Françoise Dolto est tirée de l'article « Citoyen dès le berceau ou le droit à l'espace » par Françoise Lenoble-Prédine in *Le jeune enfant et l'architecture, les lieux de la petite enfance*, Syros-Alternatives, Paris, 1991.

BOY
RON MUECK
Un garçon accroupi de 5 mètres de haut, 49e Biennale de Venise.

http://www.ron-mueck.com

GRAnD

JEAN-LOUIS COHEN
HISTORIEN

MADURODAM : DU POLDER À L'ÉOLIENNE

« Cette ville forme un carré exact, chaque côté de la muraille ayant cinq cents pieds de long. Les deux grandes rues qui se croisent et la partagent en quatre quartiers égaux ont cinq pieds de large ; les petites rues, dans lesquelles je ne pus entrer, ont de largeur depuis douze jusqu'à dix-huit pouces. La ville est capable de contenir cinq cent mille âmes. Les maisons sont de trois ou quatre étages. Les boutiques et les marchés sont bien fournis. »

Jonathan Swift, *Gulliver à Lilliput.*

Au beau milieu de la ville de La Haye, sur près de deux hectares, s'étend une vitrine de Noël démesurée, dans laquelle circule ce qui est sans doute, avec quatre kilomètres de voies, un des plus grands réseaux de chemin de fer modèle réduit du monde. Cette ville lilliputienne dénommée Madurodam est une des principales attractions touristiques des Pays-Bas, et peut être considérée comme une méta-attraction, qui prépare à la visite des villes du pays des cars entiers de visiteurs. Ouverte au public en 1952, elle fut conçue par l'architecte S. J. Bouma (1899-1959), qui en dessina le premier plan, à la demande de la famille Maduro. Originaire de Curaçao, cette famille de juifs sépharades souhaitait ainsi rendre hommage à George Maduro, jeune officier dans les forces néerlandaises, puis résistant et mort à Dachau en 1945. Après avoir rencontré Madame B. Boon-Van der Starp, militante pour la lutte anti-tuberculose parmi les étudiants, qui leur fit connaître le modèle du village miniature de Bekonscot, à côté de Beaconsfield, en Angleterre, construit en 1929 pour le bénéfice de la santé étudiante, les Maduro créèrent la fondation charitable qui gère le parc d'attractions de La Haye.

Plus qu'une ville en réduction, Madurodam est un véritable territoire, structuré autant par la géographie que par l'histoire. Sur une emprise plane, que surplombe une manière de digue permettant d'en avoir des vues plongeantes, un condensé de l'ensemble des Pays-Bas est proposé. Sur le côté ouest, les villes anciennes, leurs canaux, leurs beffrois et leurs églises. Ce serait, si je puis dire, Maduramsterdam. Sur le côté est, les villes modernes, leurs autoroutes et leurs immeubles de bureaux. Ce serait cette fois plutôt Madurotterdam.

Entre ces deux types de territoires s'écrit l'Histoire. Les édifices du Moyen Âge et du Siècle d'Or répondent aux sièges sociaux des multinationales, les maisons en rangées des Grachten d'Amsterdam aux maisons VINEX des périphéries néerlandaises actuelles. Cette tension entre le passé et le présent se matérialise par exemple dans le dialogue entre les emblématiques moulins à vent et les éoliennes qui bordent le terrain, comme elles jalonnent désormais le paysage national. Peut-être en souvenir de sa figure éponyme, Madurodam semble d'ailleurs s'adresser plus aux garçons qu'aux filles. Sa partie moderne est un véritable hymne aux infrastructures, et rassemble des reproductions à l'échelle de canaux à grand gabarit, sur lesquels circulent des bateaux télécommandés, d'écluses, de trains, dont le Thalys circulant à l'heure pile (contrairement à son modèle à l'échelle 1, dont les retards sont légendaires), de terminaux à containers, de barrages anti-marées, de raffineries de pétrole et d'autoroute. Au centre de tout le parc, symptomatiquement, se trouve la maquette, heureusement simplifiée, de l'aéroport de Schiphol, véritable point focal de tout le pays. Une lecture de la distribution des secteurs de Madurodam permettrait d'y mettre en évidence, à côté du découpage entre villes et polders, les quatre fonctions de la charte d'Athènes. Le travail s'effectue dans les usines, sur les chantiers et les bureaux, mais aussi dans les champs de tulipes étirés entre les maisons. L'habitation trouve ses lieux dans une gamme d'édifices allant de la maison en rangée médiévale au grand ensemble. Les loisirs s'y déploient sur une plage, dans les attractions d'une kermesse et jusque dans une reproduction du zoo de Rotterdam avec les énigmatiques bâtiments dessinés par Sybold van Ravesteyn.

L'économie contemporaine n'est pas absente du tableau, dans ce bastion de ce que Max Weber considérait comme l'éthique du protestantisme, c'est-à-dire du capitalisme, que sont les Pays-Bas. Inséré dans les circuits touristiques, Madurodam se renouvelle année après année grâce aux contributions des municipalités et surtout des multinationales néerlandaises comme ING, Unilever, ou Nationale Nederlanden, et bien d'autres, qui ont financé la construction de modèles réduits de leurs sièges sociaux ou de leurs installations.

À côté des édifices historiques, églises, palais ou châteaux forts, la place est faite à deux siècles d'architecture néerlandaise, et les bâtiments ayant jalonné le parcours de la modernité surgissent soudain au coin d'une plate-bande. On repère ainsi sans peine le Rijksmuseum de Pierre J. H. Cuypers à Amsterdam, l'ensemble d'habitations expressionnistes Eigenhaard de Michel de Klerk dans la même ville, la maison Schröder de Gerrit Thomas Rietveld à Utrecht, l'hôtel de ville d'Hilversum, de Willem Marinus Dudok, et enfin ces fleurons de la scène rotterdamoise que sont la bibliothèque de Van den Broek et Bakema, les « maisons arbres » de Piet Blom et le Nederlands Architectuurinstitut de Jo Coenen. Cette scène architecturale est en constant renouvellement : si l'on a du mal à identifier la reproduction de maisons de villes récentes à Almere, le pont Erasme de UN Studio à Rotterdam domine sans peine le paysage, et semble être devenu le véritable pinacle de ce territoire ludique. Les Gulliver modernes peuvent le traverser pour mesurer la diversité de ces Pays-Bas fictifs.

Madurodam

ALICE LAGUARDA
CRITIQUE

MESURE ET DÉMESURE HUMAINES

La littérature et les récits mythiques sont peuplés de rêves d'agrandissements, de mondes où les humains, les animaux et les objets peuvent changer de taille, où les géants côtoient les nains, où une nature primitive puissante affronte sa domestication par l'homme : des Titans de la mythologie grecque à l'Alice de Lewis Carroll, en passant par les personnages rabelaisiens de Gargantua et Pantagruel. Toutes ces inventions visent à faire appréhender le monde réel différemment, à construire un regard critique – les géants, par exemple, sont grands par leur taille mais la plupart du temps, des sots, vaniteux et primitifs –, comme dans le récit de Jonathan Swift les *Voyages de Gulliver* (1726). De l'île de Lilliput au pays de Brobdingnag, le périple de Gulliver est bien une satire de la société anglaise du XVIIIe siècle, qui offre une vision sombre de la nature humaine et de la politique. Dans *Alice au pays des merveilles* (1865) et *De l'autre côté du miroir et ce qu'Alice y trouva* (1872) de Lewis Carroll, l'enfant est au centre de l'histoire, son regard donne vie à ce qui l'entoure, c'est un regard libre, autonome, joueur. Les changements de tailles et de dimensions dans *Alice* renvoient aussi bien au rêve de croissance de l'enfant qu'à l'apprentissage de la relativité, le personnage oscillant sans cesse entre différents niveaux de sens et d'interprétations : mais c'est toujours « l'observateur rapetissé, semblable à l'enfant, qui modifie le moins ce qu'il voit et, par conséquent, voit le plus fidèlement. »[1]
Les fonctions du surdimensionnement sont d'une grande richesse. Leur utilisation met en cause nos désirs de contrôle et d'ordonnancement du monde, qui peuvent conduire à la démesure ou à la prise de conscience d'une inadaptation vis-à-vis de l'environnement symbolique, social et spatial que nous avons nous-mêmes élaboré. Elles ouvrent également à un questionnement sur notre échelle de valeurs morales, philosophiques, esthétiques, jusqu'à un renversement ou une inversion des valeurs (comme cela peut être le cas avec les récits dystopiques) qu'il apparaît utile de relire à l'ère des sociétés capitalistes démocratiques, mues par une insatiable soif de grandeur.

LE MONUMENTAL ET LE VIDE

Le surdimensionnement met en crise notre désir de maîtriser l'ordre des choses. La fonctionnalité protectrice et rassurante de notre cadre de vie est remise en question. S'intéressant à nos désirs de jeu et d'enfance, interrogeant les fonctions de la sculpture, divers artistes usent ainsi du surdimensionnement sur les modes ironiques ou poétiques. Ils questionnent nos relations à l'environnement bâti et notre capacité à nous adapter, à le lire autrement, à en saisir davantage les hiérarchies de symboles et de sens. Ces propositions nous confrontent également à nos rêves démiurgiques qui peuvent se révéler dérisoires. Bertran Berrenger (Fabrice Bertran et Jean-Paul Berrenger) présentent ainsi lors d'une exposition à la galerie du Bellay une *Table de travail* géante (2003), une œuvre qui consiste à transformer une planche sur tréteaux en structure architecturale, sous laquelle l'on peut circuler. Ce type de mobilier générique, bon marché, est aussi bien utilisé par les étudiants et dessinateurs en architecture que par les artistes, il représente un outil de rationalisation et d'organisation. Le surdimensionner, lui donner un aspect extraordinaire, n'est-ce pas un moyen d'interroger le fantasme démiurgique propre à tout créateur ? Olivier Grossetête crée des jeux d'espaces à travers la réalisation de sculptures en matériaux de récupération, carton et ruban adhésif, représentant des architectures, au sein d'environnements urbains divers. Il s'agit la plupart du temps d'œuvres participatives et éphémères, mettant en scène des monuments qui vacillent, jouant sur le contraste entre

1 / William Empson, « Alice au pays des merveilles ou la pastorale de l'enfance », in *Cahiers de L'Herne* Lewis Carroll, Paris, 1987.

la fragilité des matériaux utilisés et l'illusion de force, de grandeur qui s'en dégage (*One Tower*, 2003 : une tour en carton réalisée avec les habitants d'une ZUP à Nîmes ; un *Aqueduc* mou qui envahit un espace d'exposition à Annecy, 2004). Dans le *Bateau ivre* (2001), l'artiste réalise un bateau en papier de grand format qu'il intègre ensuite dans des photomontages ou de courtes vidéos. Le surdimensionnement de cet objet simple et fragile, que tous les enfants ont fabriqué un jour, permet de pénétrer « dans ce qui n'est qu'image ou représentation d'un bateau », et de décaler « les frontières entre fiction et réalité, revendiquant l'importance du rêve, de la poésie et de l'utopie au sein de notre quotidien. »[2]

Stéphane Bérard imagine dans un photomontage une forme inédite de construction qui consiste à métamorphoser une barre de logements collectifs en lui donnant la forme d'un arc de triomphe (*Working class combat*, 2005). Ici s'affrontent deux productions monumentales : l'architecture des barres, issue d'un urbanisme de l'urgence, caractérisée par sa répétitivité et son indifférence esthétique, au gigantisme malheureux, et l'arc de triomphe, symbole de la puissance napoléonienne, qui se caractérise par sa fonction solennelle. Le photomontage de l'artiste fait penser aux architectures postmodernes construites dans certaines villes nouvelles, tel le célèbre ensemble de logements conçu par Ricardo Bofill à Marne-la-Vallée (1982), auquel l'architecte avait modestement donné le nom de « Palais » et d'« Arc de triomphe »... Une architecture en demi-cercle, en béton imitant la pierre de taille, au milieu de laquelle trône un arc de triomphe monumental, expression d'une esthétique du façadisme, grandiloquente et anachronique. C'est comme si l'association de ces deux typologies architecturales en une seule image par Stéphane Bérard nous faisait brutalement prendre conscience du vide et de l'absurdité spatiale qu'incarne hélas trop souvent l'urbanisme des barres. Il s'agit aussi de se questionner sur la fonction symbolique attribuée aux monuments qui peuplent nos villes, à l'ère d'un glissement vers l'« abus monumental » : « Tour, pyramide, gratte-ciel, colonnade, fronton – les pouvoirs de surplomb (...) rivalisent à qui mieux mieux pour creuser la différence en hauteur et en largeur (...) L'œil du promeneur s'affole, faute de pouvoir se poser ou se fixer, se disperse dans un espace ostensiblement déhiérarchisé, et finit par déserter (...) Le monumental, c'est une masse mise en valeur par du vide. »[3]

L'ENVAHISSEMENT DU GROS

Dans nos sociétés capitalistes démocratiques, c'est la logique de la surenchère qui domine, le « toujours plus » : toujours plus grand, toujours plus riche, toujours plus beau, plus efficace... C'est qu'« aucune quantité, dès lors qu'elle sert à mesurer une performance, ne peut être trop grande ; aucune entreprise ne peut gagner trop d'argent ni aucun ouvrier être trop productif. En quantifiant pour rendre calculable, la rationalisation économique éliminait donc tout critère qui permît de se satisfaire de ce qu'on avait, avait fait ou projetait de faire. Aucune quantité n'est la plus grande possible, aucune réussite n'est si grande qu'une réussite plus grande ne puisse être imaginée. »[4] Tout semble aujourd'hui conçu pour solliciter notre désir de jouissance immédiate, au sein d'un cycle ininterrompu de consommation/production. Nombre d'artistes ont choisi de représenter dans leurs œuvres les objets qui ont envahi le cadre de nos vies domestiques et nos espaces urbains, objets devenus fétiches (vêtements, voitures, bibelots...), afin de critiquer notre échelle de valeurs et nos désirs d'ascension sociale. Claes Oldenburg, avec Coosje van Bruggen, conçoit dès les années soixante des sculptures représentant des objets de la vie quotidienne (pince à linge, tube de rouge à lèvres, prise électrique, balles de ping-pong...) de format monumental, installées la plupart du temps dans des espaces urbains (places, parcs, entrées d'immeubles...), réalisées dans le cadre de commandes publiques. Par leur surdimensionnement, ces objets gagnent une visibilité inédite, une force visuelle incongrue, acquièrent une dimension symbolique alors qu'à l'origine ils ne sont que des objets fonctionnels, sans qualités esthétiques. Ces objets et signes ineptes, grossis et agrémentés de couleurs inhabituelles, deviennent envahissants, parfois grotesques. Ils dénoncent, aussi, la manière dont les signes et les codes du monde marchand ont peu à peu investi l'espace public. Ils se parent souvent chez Claes Oldenburg d'un contenu politique : en 1967, en pleine

2 / Propos de l'artiste, cf. le site internet : www.documentsdartistes.org/artistes/grossetete

3 / Régis Debray, « Le monument ou la transmission comme tragédie », in *L'Abus monumental ?*, Actes des Entretiens du patrimoine, Paris, 1998, Paris : Fayard/éditions du patrimoine, 1999.

4 / André Gorz, *Métamorphoses du travail. Quête du sens. Critique de la raison économique*, Paris : Galilée, 1988.

guerre du Vietnam, il propose de remplacer l'obélisque de Washington, symbole de la grandeur et de l'unité de la nation américaine, par une paire de ciseaux géante ! Représentés en dessin, les ciseaux se métamorphosent en une forme érectile dont les lames sont fermées et les bouts enfouis dans le sol, un symbole provocant qui renvoie à certains errements du pouvoir politique et au fétichisme dont il peut être l'objet. Une partie du travail de Lilian Bourgeat s'inscrit dans ce même procédé de grossissement d'objets de la vie quotidienne : des bottes en caoutchouc géantes, un téléphone, un cochon tirelire, jusqu'au *Repas de Gulliver* réalisé en 2008 dans un lycée près de Toulouse, dans le cadre d'un 1%, qui présente chaises et éléments de vaisselle géants, censés servir lors de vrais repas. La plus-value visuelle et symbolique accordée à ces objets nous conduit aussi à l'idée que tout geste quotidien est devenu laborieux, absurde, déstabilisant. Lilian Bourgeat réalise avec Luc Adami un *Diamant* géant, dont les facettes ont été minutieusement reproduites. La sculpture tourne lentement sur elle-même, comme l'on expose les pierres rares à l'admiration des spectateurs. Le matériau, du plexiglas, imite la transparence du diamant, mais seule une petite facette se trouve dénudée. Le plexiglas a été remplacé par une glace sans tain qui dissimule une caméra placée au centre du diamant et qui filme les visiteurs : c'est le regard du spectateur qui est ainsi sollicité, pour contempler du vide, comme une mise en abyme de nos comportements consuméristes et de notre désir de possession de ce qui est beau, cher et rare.

BIG IS NOT (SO) BEAUTIFUL

Cette confrontation au vide, c'est peut-être l'œuvre de Jeff Koons qui en est l'une des meilleures traductions. L'artiste a introduit dans son travail en sculpture un jeu permanent sur les échelles, passant de la miniature (les trains en acier remplis de whisky de la série *Luxury and Degradation*, 1986) au format monumental (le célèbre chien *Puppy*, mesurant plus de dix mètres de haut et constitué de fleurs, 1992). Utilisant les éléments appartenant au monde du kitsch (figurines, objets et jouets divers issus de la production de masse, dessins animés de Walt Disney, style pompier, couleurs criardes...), Jeff Koons transfigure ceux-ci dans des œuvres de grands formats en ayant recours aux matériaux nobles et traditionnels de la sculpture, ainsi qu'à d'autres plus décalés (marbre, bronze, plastique, porcelaine, acier inoxydable...). Cet intérêt pour l'univers du kitsch est à lire comme un miroir des pratiques culturelles de nos sociétés capitalistes – le kitsch utilise « comme matériau brut les simulacres appauvris et académisés de la culture véritable. » (...) Il est « mécanique et fonctionne par formules. C'est le domaine de l'expérience par procuration et des sensations fausses (...) C'est le ramassis de tous les faux semblants de la vie de notre temps. Il ne prétend rien exiger de ses clients, si ce n'est leur argent » – [5], à mettre en perspective avec le fétichisme de la marchandise et le goût du grand, du spectaculaire, du monumental qui les caractérise. Très critiquée, l'œuvre de Jeff Koons présente pourtant l'intérêt de placer le spectateur face aux phénomènes d'infantilisation dont nous sommes tous victimes à travers cette société de l'argent, dans laquelle c'est un désir rabougri qui est stimulé, un désir de possession régressif, de l'accumulation, simulacre d'un désir d'enfance enfoui et dégradé. L'artiste nous montre un environnement vidé de tout véritable symbole, vidé de sens, peuplé de peintures et sculptures de bonbons et d'aliments géants, de figurines de stars de la musique pop, un vide qu'il sublime et magnifie ironiquement par les changements d'échelle et le recours à certains matériaux. Mais un vide glaçant, aux couleurs acidulées, qui doit être considéré comme l'expression d'un point de vue assez proche de celui d'Andy Warhol : comme le remarque en effet le critique d'art Peter Schjedahl à propos de Warhol, ne peut-on pas aussi dire de Jeff Koons qu'il est le témoin d'un certain milieu social, de ses goûts et de ses modes de vie, et que c'est cela qui en fait, en quelque sorte, un nouveau peintre « réaliste socialiste » du capitalisme[6] ? Chez le sculpteur Erwin Wurm, le regard critique sur la société de consommation de masse nous mène à l'idée d'un débordement, souvent figuré sur le mode ironique ou burlesque. La série des *Fat car* (2001) consiste ainsi en sculptures de voitures déformées, comme dégoulinantes de graisse, devenues obèses. Les *Fat house* (2003) sont conçues

5 / Clement Greenberg, « Avant-garde et kitsch », 1939, in *Art et culture. Essais critiques*, Paris : Macula, 2000.
6 / Cf. Catherine Millet, « Andy Warhol's Phantoms », in *De l'objet à l'œuvre. Les espaces utopiques de l'art, Art press* hors série n°15, 1994.

sur le même principe : les façades sont devenues informes et boursouflées, et le ridicule de l'objet est accentué par le fait que la toiture à double pente des maisons, elle, est restée dans la norme architecturale. On peut bien sûr lire ces propositions comme métaphores d'une société en tous points boursouflée, noyée dans le gras à tous les niveaux de l'existence : vulgarité, arrogance, boursouflures de l'esprit, hypertrophie de l'ego, et encore mollesse ou absence d'esprit critique dans nombre de productions littéraires, médiatiques, artistiques... Mais les sculptures déformées d'Erwin Wurm gagnent aussi en humanité : l'on peut voir, dans ces formes gonflées, se dessiner des fentes, des bouches et des yeux, à l'avant des voitures et sur les façades des maisons. Cet anthropomorphisme révèle une inutilité, une inadéquation vis-à-vis des canons et des standards, une faiblesse irréductible. De telles œuvres apparaissent comme des vanités contemporaines, nous faisant comprendre que la destinée humaine est peut-être de demeurer toujours débordés par ce qui nous environne, par nos productions matérielles et symboliques.

Qu'est-ce qui se dissimule derrière ces diverses déformations (vers le plus petit, vers le plus grand) comme dans les exemples d'œuvres que nous avons évoqués ? Sur quelle échelle le curseur se déplace-t-il du plus petit au plus grand ?
Pour nous, l'enjeu réside dans ce qui définit et fonde notre humanité, l'humanité de l'homme ; question centrale des mythologies, des religions et des philosophies. Plus que jamais, devant la multiplication des pratiques d'inhumanisation, devant l'envahissement dévastateur des processus de socialisation et des logiques utilitaristes, la question est posée du lieu de notre pure et simple humanité. Car nous ne sommes ni jamais ne serons des géants de carnaval ou les infortunés compagnons des microbes (même si nous pouvons l'être) : rien que des hommes. Sans doute est-ce en variant les angles, des réductions aux grossissements, comme y invitent les fantasmagories des mythes, comme le suggèrent certaines œuvres artistiques et littéraires, que nous parviendrons à voir plus clair et à rester des hommes, c'est-à-dire à demeurer des « initiatives »[7].

FAT CAR ET FAT HOUSE
ERWIN WURM
© Atelier Erwin Wurm

UN BATEAU IVRE
OLIVIER GROSSETÊTE
© Adeline Pichot

7 / Hannah Arendt, *Condition de l'homme moderne*, cf. le chapitre « Le domaine public et le domaine privé », 1958, Paris : Calmann-Lévy, 1961.

LES CRÉATEURS SE FONT TOUT GRANDS !

LE DÎNER DE GULLIVER
LILIAN BOURGEAT
Les convives assemblés se livrent à des tablées rabelaisiennes autour d'un meuble, de chaises, de verres, de couverts et mets extra larges. Créé en 2008, au Centre de création contemporaine de Tours.

www.galerieune.ch

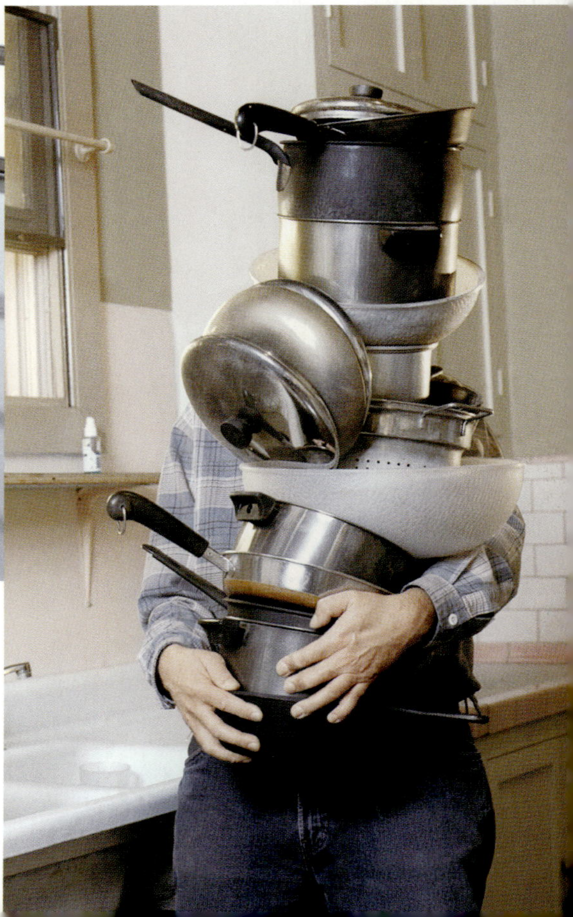

POTS AND PANS

ROBERT THERRIEN

Empilage de casseroles démesurées qui nous rappelle « n'oublie pas de faire la vaisselle chérie ! ». Créé en 2008, à la Gagosian Gallery.

www.gagosian.com

BABY FOOD

CLÉMENCE FARRELL

Jouer au *Baby food* géant pour parler de nourriture.
Présenté à l'exposition « Bon Appétit, l'alimentation dans tous les sens » à la Cité des sciences en 2010.

www.clemencefarrell.com

PUNISHED TO THE CORNER !

CRISTINA TOLEDO

Un rangement perché dans un coin.

Présenté à l'exposition « The Inhabitable Space » à Valence, en 2008.

www.cristinatoledo.com.

LONDON'S LARGEST LIVING ROOM
STUDIO WEAVE ET ELEY KISHIMOTO
Un salon géant et bien « cosy » imaginé par le couturier Eley Kishimoto et Studio Weave pour le Festival d'Architecture de Londres en 2008.

www.studioweave.com / www.eleykishimoto.com

THE TOURNAMENT
HAYON STUDIO
Échec et mat ! Proposé au London Design Festival 2009.

www.hayonstudio.com

MAISON DE POUPÉE GÉANTE

HEATHER BENNING

Une ferme abandonnée transformée en maison de poupée géante où l'intérieur est de style années soixante, période à laquelle la maison a été abandonnée. Réalisée à Sinclair au Canada.

www.heatherbenning.ca

29

MODERNICE !

NL ARCHITECTS

Slovensk á Národn á Galéria (la Galerie nationale Slovaque) : sa façade brutaliste métamorphosée en jeu circuit automobile par le collectif hollandais NL en 2009.

www.nlarchitects.nl

LES CRÉATEURS SE FONT TOUT PETITS !

CHILDREN'S HIGHCHAIR
STUDIO MAARTJE STEENKAMP
Une chaise haute d'un nouveau genre qui diminue au fur et à mesure que l'enfant grandit, au Museum of Arts and Design, New York, 2003.

PLUS
98
80
74
68
PLUS
98
80

LINENCHEST CABINET
STUDIO MAKKINK & BEY
Cabane-lit née d'un empilage de bric et broc du designer hollandais, 2002.

www.studiomakkinkbey.nl

AU DODO !

ORTAWATER - ANTARCTICA FLUVIAL INTERVENTION UNIT

LUCY ORTA

Une barque de survie présentée lors de l'exposition Hangar Bicocca à Milan en 2008.

www.studio-orta.com

34

OINION PINCH

CATERINA TIAZZOLDI ET EDUARDO BENAMOR DUARTE

Espace pour cocooner collectivement dans le métro, berce-toi !
Présenté à Milan en 2010.

www.tiazzoldi.org

NAPPING PODS

ANDREA BALZANO ET MONICA PIANOSI. DESIGNER : CATERINA TIAZZOLDI

Les « Napping Pods » sont des berceaux destinés à être installés dans des collectivités, 2008.

www.tiazzoldi.org

ROCKING-SHOES
BETTY BUI
Chaise à bascule poétique pour se bercer.
Galerie du 13 Quai Voltaire, Caisse des Dépots et Consignations, Paris, 2000.

www.bettybui.com

ARCHITECTURE DU SOMMEIL
STALKER
Permettre à nos corps, confortablement installés, d'explorer l'espace d'un point de vue horizontal. Dormir et laisser notre inconscient rentrer en communication avec l'environnement. L'architecture du sommeil a été habitée tout au long de l'été 2000.
Segona estacio, Benifallet, 2000.

www.stalkerlab.org

PARODY IV, MOBILE ECO SECOND HOME
SANEI HOPKINS ARCHITECTS
Inspirée des bombardiers stratosphériques et des sous-marins nucléaires, cette cabane offre 5 lits superposés pour nuit blanche.
Installation en 2007 dans le Suffolk en Grande-Bretagne.

www.saneihopkins.co.uk

CLOUDS
RONAN ET ERWAN BOUROULLEC
Jeu de construction en feutrine évolutif, qu'on peut faire et défaire suivant ses envies, 2009.

www.bouroullec.com

Le tabouret « Éléphant » de Charles Eames est édité par Vitra.

41

ONE SQUARE METER HOUSE

DIDIER FIUZA FAUSTINO

One Square Meter House réduit l'espace vital de la maison à son unité la plus petite, le mètre carré. Prototype. Paris, France. 2006.

www.mesarchitecture.com

SMALL !

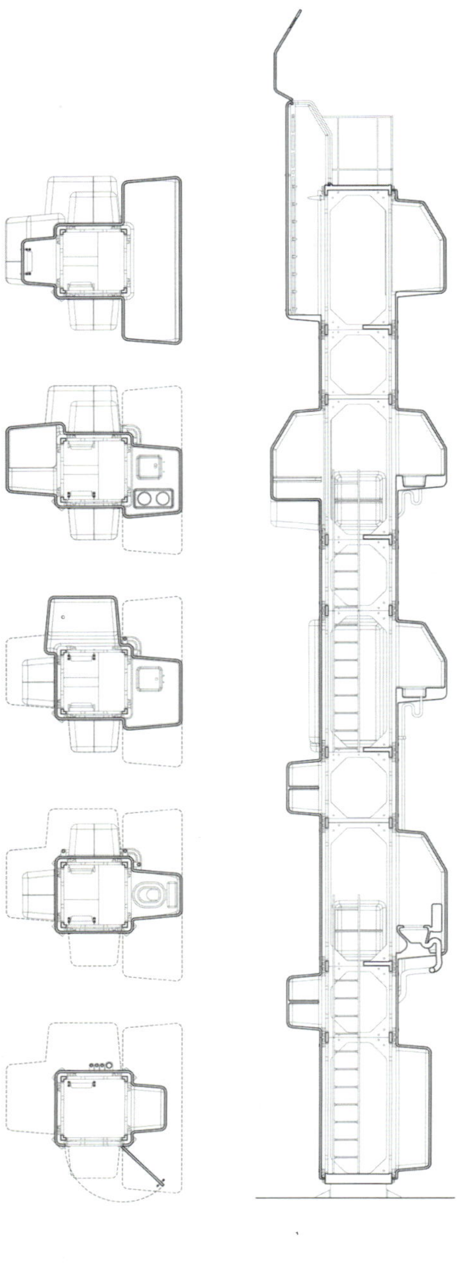

UNE PETITE MAISON INTÉRESSANTE À HABITER

RADI DESIGNERS

Fermée, cette maison de 20 m^2 ressemble à l'archétype de la maison et contient un lit, un bloc toilettes, une étagère et un coin cuisine. Une fois ouverte, les pièces donnent directement sur un jardin. Pour la Villa Noailles, Hyères 2002.

www.radidesigners.com

SATELLITE DES SENS

ATELIER VAN LIESHOUT

Un bibliobus d'éveil sensoriel avec de petits recoins tranquilles pour se cacher ou se reposer, un toboggan pour jouer, mais aussi et surtout des sons, odeurs, images, objets à toucher pour expérimenter les sens. Créé pour Lille, 2004.

www.ateliervanlieshout.com

BABYDISCO

I COULD NEVER BE A DANCER (CARINE CHARAIRE ET OLIVIER CASAMAYOU),
AVEC LE CONCOURS DE FLORENCE DOLÉAC (DESIGN), GUILLAUME SORGE (SÉLECTION MUSICALE) ET YI ZHOU (VIDÉO).
Babydisco est une boîte de nuit pour les 3-7 ans, au Palais de Tokyo.

www.doleac.net
© Pierre Mérimée

CARDBOARD CUBBY

SUPER COLOSSAL, MARCUS TRIMBLE, ERIN FIELD

Une cabane en carton géante venue d'Australie à construire soi-même. Présentée au Sydney Design and Decoration, 2007.

www.supercolossal.ch

PARODY I. WENDY HOUSE

SANEI HOPKINS ARCHITECTS

Une minuscule maison vitrée dans un jardin anglais... mais qui paraît si grande ! 2004.

www.saneihopkins.co.uk

PLAY GROUNDS !

PLAYGROUND FOR THE ELEMENTARY SCHOOL DE PARADIJSVOGEL, YPENBURG

KAPTEIN ROODNAT

Plusieurs centaines de mètres d'un tube vert vif envahissent la cour de « récré » se transformant en espace de jeux. Pour l'école primaire de Paradijsvogel aux Pays-Bas, 2006.

www.kapteinroodnat.nl

PINK PUFFS ROLL INSTANT PLAYGROUND

TOPOTEK 1

Ces objets gonflables roses recréent l'illusion de nos rêves d'enfants… « La vie en rose ! ».

www.topotek1.de

LACE FENCE

DEMAKERSVAN

Une clôture, symbole de sécurité et repli, se transforme en objet poétique et fragile : en dentelle.
Philadelphie, USA, 2009.

www.demakersvan.com

© Joep Verhoeven / Windmills / Joost van Brug

SOUS LES ZÈBRES

ENCORE HEUREUX ET CIE L'ABRIBUS

Au-dessus des têtes, un troupeau de zèbres galope au gré du vent. À quatre mètres de hauteur, 500 ballons zèbres gonflés à l'hélium sont suspendus lors du festival « Sous la plage, Paris ». Parc A. Citroën, Paris 15e – France, 2004.

www.encoreheureux.org

WOODS OF NET

TEZUKA ARCHITECTS

Un pavillon des enfants du musée en plein air de Hakone au Japon, avec dôme mikado et intérieur tricoté.
Ce pavillon, situé au musée de plein air d'Hakone, a été réalisé pour le 40e anniversaire de ce lieu, l'un des plus visités du Japon.

www.tezuka-arch.com

L'ÉCOLE ÉLÉMENTAIRE ERIKA MANN II

DIE BAUPILOTEN

Depuis 2003, l'architecte Susanne Hofmann a dirigé le Baupiloten associé à l'Université technique de Berlin. Ils réalisent ensemble de nombreux équipements scolaires.

www.baupiloten.com

© Jan Bitter

59

LA MAISON DES PETITS
MATALI CRASSET
Un espace pédagogique plein de surprises
et de découvertes artistiques pour le Centre 104, Paris.

www.matalicrasset.com
© Jérôme Spriet

ESPACE ADO AU CENTRE POMPIDOU

MATHIEU LEHANNEUR

Un espace dédié aux adolescents au Centre Pompidou, inauguré en octobre 2010.

mathieulehanneur.com

GREEN !

HILL HUT

VISIONDIVISION

Chambre d'enfant où la nature pénètre ; le jardin et les pièces forment un terrain de jeu continu, le sol se soulève, les reliefs deviennent des assises, Stockholm, 2009.

www.visiondivision.com

FLOATING GREEN

LING FAN

La pelouse se soulève et se plie pour créer cette vague verte et invite le promeneur à entrer en contact avec la nature, à la toucher, la sentir, à s'asseoir, au Zhangjiang Art Park, Pudong, Shanghai, 2008.

www.fatflatfloat.com

LAWN HOUSE

ALTRO STUDIO

Habitat léger en panneaux de polycarbonate transparent recouvert de plaques de gazon. Italie, 2003.

www.altro-studio.com

MOVING FOREST

NL ARCHITECTS : PIETER BANNENBERG, WALTER VAN DIJK ET KAMIEL KLAASSE

Une forêt à roulettes : des arbres plantés dans des caddies pour proposer un espace vert urbain à géométrie variable. Jeu imaginé à l'occasion de l'exposition Urban Play, Amsterdam, Pays-Bas, 2008.

www.nlarchitects.nl

CHASHITSU TETSU
TERUNOBU FUJIMORI
La spectaculaire Chashitsu Tetsu (maison à thé Tetsu) élevée dans les cimes invite à l'initiation et aux méditations.

www.iis.u-tokyo.ac.jp
Contributor : RMIT Gallery, 2006, ITS Web Publishing Team: Melbourne, Vic.

DYMAXION SLEEP

JANE HUTTON ET ADRIAN BLACKWELL

Un paysage de filets suspendus au-dessus de plantes aromatiques évoque le principe de la carte Dymaxion de Buckminster Fuller pour une expérience typiquement solitaire de la sieste.

www.daniels.utoronto.ca

SKIPWASTE

OLIVER BISHOP-YOUNG

On n'imagine pas tout ce qu'on peut faire avec une benne !

The SkipWaste project, une série de bennes revues et corrigées pour nager, pique-niquer, glisser. Sur le site SkipWaste.org.uk, Oliver propose à tout le monde de mettre à disposition des emplacements libres à travers les États-Unis, 2009.

www.oliverbishopyoung.co.uk

OUTDOOR FIREPLACE

HAUGEN / ZOHAR

Un espace pour enfants au coin du feu. Municipalité de Trondheim, Norvège, 2009.

www.hza.no

70

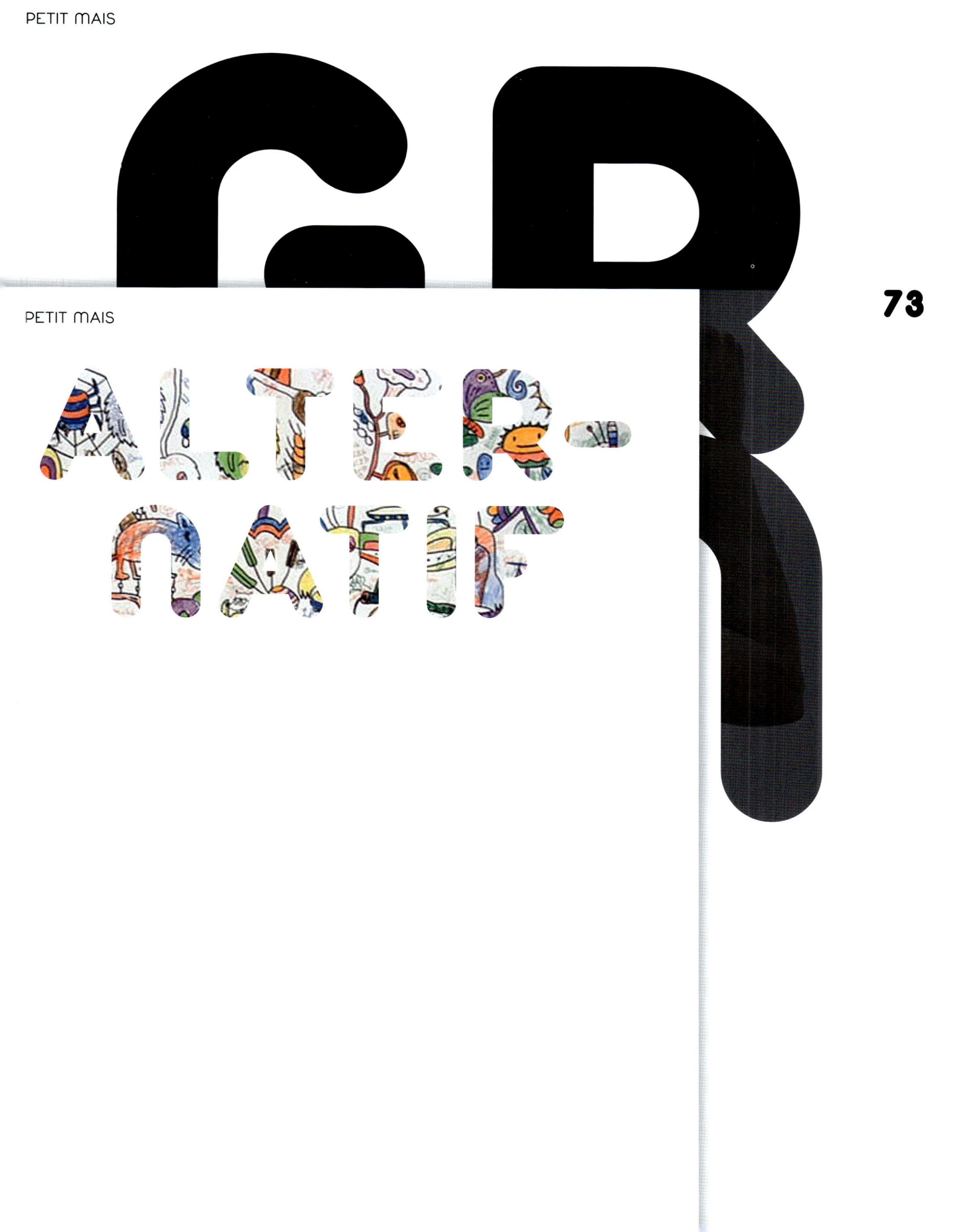
PETIT MAIS
73
PETIT MAIS
ALTER-
NATIF

INSTANTS SAISIS À SOUTHWARK LIDO

POUR EXYZT, PAR DIMITRI MESSU ET VÉRONIQUE PATTEEUW

www.exyzt.net

© Julie Guiches / © Brice Pelleschi / © Hannes Schreckensberger

Londres, juillet 2006. Exyzt et l'artiste-réalisatrice Sara Muzio créent, dans le cadre du festival d'architecture à Londres et suite à l'invitation du London Architecture Foundation, l'installation intitulée *Southwark Lido*.
Né en 2002 à l'initiative de cinq architectes, Exyzt constitue aujourd'hui une plateforme de création pluridisciplinaire (architectes, graphistes, vidéastes, photographes, dj, constructeurs). Chaque intervention du collectif – installations temporaires, toujours auto-construites et habitées par le collectif même –, s'inscrit dans une temporalité et dans un territoire déterminé, le contexte devenant support pour le projet.
« Action, vie et échange » sont trois mots-clés. Concevoir une architecture à travers des actions, charger l'architecture de vie, d'usages multiples et divers, et utiliser l'architecture même comme médium afin de promouvoir rencontres et échanges. À l'opposé d'une architecture de la représentation, l'approche d'Exyzt se définit par cette double relation : actions construites et construction de plateformes d'actions. L'ensemble des projets incite le visiteur à quitter une attitude purement contemplative pour devenir, lui aussi, usager, acteur, partie prenante du projet.

Promeneurs, passants, badauds du 100 Union Street de *Southwark* ont probablement été interloqués en découvrant hommes et femmes, enfants et familles en maillot de bain et peignoir, allongés sur une terrasse-solarium, profitant de la fraîcheur d'un petit bassin, du repos dans une des cabanes de plage ou encore de la chaleur du vrai sauna vibrant en plein cœur de Londres. Passé le seuil qui s'annonce dans le trou de la palissade, le même que celui des terrains vagues de nos aïeux, ces passants découvrent, dans cet espace étrange, la nature constitutive des activités présentes.

Si le *Southwark Lido* fait du bien au corps et à l'esprit, il y a plus à cet endroit qu'un éloge du bien-être. À l'évidente installation d'architecture générée pour le Festival d'Architecture de Londres, nous tentons l'architecture non pour elle-même, de manière spéculaire, mais pour ce qu'elle peut offrir. De la même manière que la cabane dans les arbres, ce n'est pas la qualité des assemblages ni la rigueur de son dessin qui va faire d'elle une *chouette* cabane mais sa capacité de projection ; *ce sera de là* que va divaguer l'imaginaire. Nous croyons dans une architecture, non pas comme apparence ou représentation, mais dans une architecture comme fabrication. Dans une architecture comme moyen ou alibi ouvrant l'espace à l'invention, la création, l'improvisation, la rencontre, la confrontation et l'échange. Si *Southwark Lido* n'est donc pas un projet de sauna, ni une terrasse de bronzage, et pas même une démonstration d'architecture, quels en sont les enjeux majeurs ?

LA RENCONTRE

Se référant aux thermes romains – espace idéal d'une construction sociale – *Southwark* Lido encourage les coïncidences et encourage les frottements. Les rencontres y sont multiples : étape d'une randonnée cycliste à Londres, déjeuner sur l'herbe du cercle du troisième âge, débat sur l'espace public ou encore spectacle de danse des jeunes du quartier. Voisins, visiteurs du festival, passants, étrangers et locaux, acteurs du territoire, paumés, errants... tous se côtoient au Lido.

L'INATTENDU

Entrer dans cet espace permet d'abandonner ses vieilles habitudes et de se laisser porter par le lieu. Cet endroit n'a rien de standard. C'est un endroit de l'imaginaire. Il permet de s'ouvrir à autrui, de diluer nos repères et nos idées préconçues et de s'ouvrir à l'inconnu. Nous croyons en la capacité des espaces, de par leur décalage, à créer l'occurrence du contact, des histoires imprévues.

UNE MÉMOIRE COLLECTIVE

Southwark Lido s'inscrit dans une réalité. Il se développe sur un site provoquant des possibles usages et programmes tout en laissant des traces tangibles d'une expérience vécue.

Cette construction éphémère a un impact dans la mémoire collective en tant que potentiel de devenir.

UNE DYNAMIQUE

Un mois avant l'ouverture du projet, le collectif se déploie afin de générer l'activité par la construction. Le jour du vernissage, le site est encore en élaboration, tout comme il le sera le lendemain et durant toute la période du projet. Le lieu désormais créé est capable d'accueillir des transformations d'usage, plastiques et artistiques. C'est un lieu en mouvement, un site où les activités évoluent, bousculent la vie mise en place. Cette capacité à l'adaptation est un ferment du projet.

UNE MISE EN ABÎME SPATIALE

Southwark Lido est habité pendant toute la durée du festival par le collectif et ses invités. Les architectes, artistes, constructeurs deviennent les habitants du projet, les habitants du quartier. L'idée ici n'est pas de consommer le lieu, mais bien d'y contribuer ; à travers le quotidien, le vécu, la vie. Dès le chantier, la vie se tisse et lie la construction de cet espace fictionnel au quartier : rencontre de savoir-faire, dépannages en tout genre et petits cafés édifient ainsi les grands moments du lieu, plus visibles, où se mélangent festivaliers, habitués du lieu, résidents et invités. Les grandes manifestations, qui ponctuent le lieu pendant son ouverture, sont perverties positivement par la mixité des personnes qui le rendent vivant.

LE RÉEL EN JEU

S'imaginer, se prendre pour, devenir... Transgresser pour mieux aller à la rencontre de l'autre, se découvrir, découvrir autrui, construire des relations. De la création d'un espace qui peut abriter la complexité naît cette singularité d'approche de l'usage de l'espace. Rendre au lieu ses possibles, ceux aussi que sait sublimer l'enfant, voire l'adulte quand il s'extrait de sa vie, par sa capacité de projection. Jouer à « la madeleine », partir de l'évocation de la fiction pour partager un temps dans le réel, le présent, « le maintenant ou jamais ».

SAFE HAVEN / THAÏLANDE
TYIN TEGNESTUE

www.tyintegnestue.no

TYIN Tegnestue est un organisme à but non lucratif dont le travail humanitaire se concentre sur l'architecture. TYIN est géré par des étudiants en architecture de la NTNU en Norvège qui réalisent des workshops grâce au soutien d'entreprises norvégiennes pour des projets réels.

Au cours de la dernière année, TYIN a travaillé à la planification et à la construction de petits projets en Thaïlande qui peuvent améliorer la vie des personnes dans des situations difficiles, en particulier des projets à destination d'orphelins.

Une des premières actions en Thaïlande en 2008 est le projet *Soe Ker Tie House* (2008-2010) qui est l'extension d'un orphelinat dans le village de réfugiés de Noh bo, où résident beaucoup d'enfants de la communauté Karen. L'objectif était de donner à chaque enfant sa propre chambre, le nom *Soe Ker Tie* (maison papillon) a été donné par les ouvriers à cause de l'apparence formelle des unités. Le matériel de construction, le bambou, vient de la localité, les ouvriers sont du village et le projet suit une logique climatique.

Ensuite, l'association est intervenue en 2009 dans un autre orphelinat plus au nord, à Ban Tha Song Yang, nommé *Safe Haven*, lors d'un workshop avec 15 étudiants du NTNU, sous la direction de Hans Skotte et Sami Rintala (architecte lauréat du Global Award). L'urgence et les besoins de cet orphelinat étaient la construction d'un bloc sanitaire et d'une bibliothèque. TYIN a travaillé sur l'équipement sanitaire avec les ouvriers de Noh bo, tandis que la bibliothèque a été réalisée avec les 15 étudiants.

Ces workshops pour l'université NTNU sont essentiels dans la pédagogie car ils permettent à de jeunes professionnels, dans un contexte réel, de prendre de vraies décisions et de proposer des projets alternatifs.

Windows

UNE ÉCOLE À RUDRAPUR / BANGLADESH

ANNA HERINGER

www.anna-heringer.com

Née en Allemagne, Anna Heringer réside aujourd'hui en Autriche où elle exerce son métier d'architecte. Elle a remporté de nombreux prix dont le Global Award. Elle considère l'architecture comme un outil pour améliorer la vie. Sa motivation principale est d'explorer l'architecture comme medium pour renforcer la culture, l'économie locale dans une perspective écologique. Pour elle le développement durable est synonyme de beauté : un bâtiment doit être à la fois harmonieux dans sa conception, sa structure, ses matériaux, sa manière d'occuper un site et respectueux de son utilisateur.

Rudrapur se situe au nord d'une des régions les plus peuplées du monde. La pauvreté et le manque d'infrastructures ont poussé les habitants des campagnes vers les villes. L'ONG locale Dipshikha cherche une stratégie pour freiner cela et développe les zones rurales, afin de donner de nouvelles perspectives aux habitants. La philosophie de l'école à Rudrapur est de travailler avec les potentialités de chaque enfant afin qu'il puisse développer sa confiance, son indépendance et son identité. Cette philosophie est appliquée à l'architecture du bâtiment : utiliser le potentiel de l'existant au maximum.

La première potentialité pour construire un bâtiment dans une zone rurale est de travailler avec les habitants, d'utiliser les matériaux sur place tels que le bois et le bambou. La stratégie importante du projet est de transmettre des savoir-faire à la population locale afin qu'ils exploitent au mieux les ressources trouvées sur place. Les techniques traditionnelles de construction sont utilisées, améliorées et transmises aux artisans locaux. Il faut savoir que la terre et le bambou ont une image négative dans la population locale ; même s'ils sont écologiques, ils sont perçus comme destinés aux pauvres et les habitants préfèrent des matériaux industrialisés comme le béton, le métal. Cette école se veut pédagogique, et démontre qu'avec une conception de qualité actuelle, cela peut motiver les gens à faire autrement. Sans oublier que cette école repose surtout sur le bien-être des enfants, des espaces agréables et beaux. Une atmosphère joyeuse et studieuse s'en dégage.

Pour plus d'information : www.shanti.de

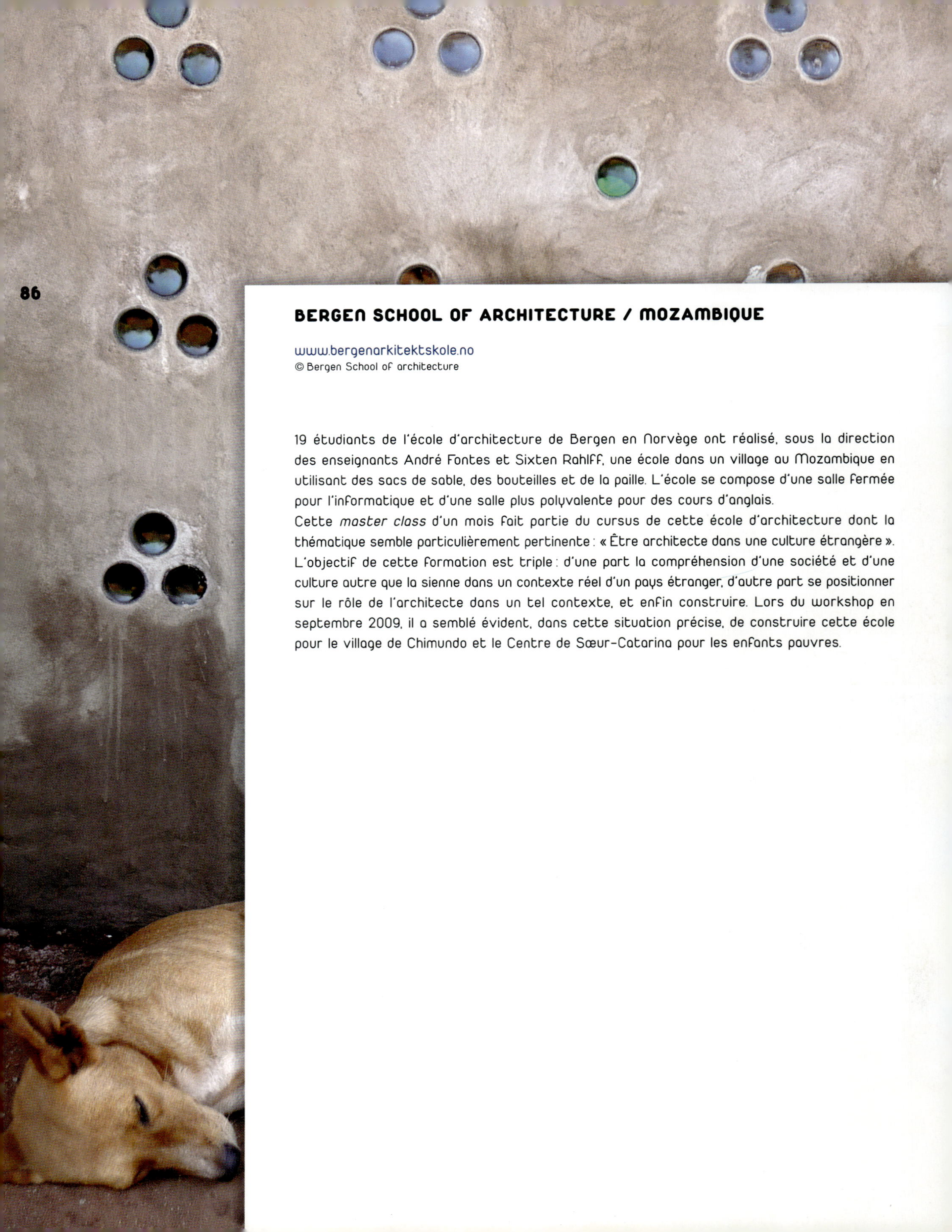

BERGEN SCHOOL OF ARCHITECTURE / MOZAMBIQUE

www.bergenarkitektskole.no

19 étudiants de l'école d'architecture de Bergen en Norvège ont réalisé, sous la direction des enseignants André Fontes et Sixten Rahlff, une école dans un village au Mozambique en utilisant des sacs de sable, des bouteilles et de la paille. L'école se compose d'une salle fermée pour l'informatique et d'une salle plus polyvalente pour des cours d'anglais.
Cette *master class* d'un mois fait partie du cursus de cette école d'architecture dont la thématique semble particulièrement pertinente : « Être architecte dans une culture étrangère ».
L'objectif de cette formation est triple : d'une part la compréhension d'une société et d'une culture autre que la sienne dans un contexte réel d'un pays étranger, d'autre part se positionner sur le rôle de l'architecte dans un tel contexte, et enfin construire. Lors du workshop en septembre 2009, il a semblé évident, dans cette situation précise, de construire cette école pour le village de Chimundo et le Centre de Sœur-Catarina pour les enfants pauvres.

UNE ÉCOLE À GANDO / BURKINA FASO
DIÉBÉDO FRANCIS KÉRÉ

www.kere-architecture.com

Diébédo Francis Kéré est né au Burkina Faso. Après une formation de charpentier, il est formateur pour BMZ, une ONG allemande qui finance des ateliers de formation technique dans son pays. Cette rencontre avec l'Allemagne va l'aider à partir à Berlin où il passe son diplôme d'architecte.

Dès 1998, il crée une association, Schulbausteine für Gando, qui recueille des fonds pour construire au Burkina Faso des équipements pour la population et qui se veulent exemplaires d'une architecture adaptée au climat. Son premier bâtiment est une école primaire à Gando, un édifice rationaliste et qui démontre l'importance d'intégrer les communautés locales au processus de construction et de créer une architecture confortable pour ses futurs utilisateurs. Tout est pensé pour bien ventiler l'ensemble du bâtiment et Francis Kéré utilise les matériaux trouvés comme les briques de terre et valorise le savoir-faire sur place des maçons et des forgerons locaux qui réalisent la couverture et les claustras. L'école de Gando a reçu, en 2004, l'Aga Khan Award for Architecture. À Gando, son village d'origine et le centre de son action, plus de 700 élèves sont désormais accueillis, au fil des extensions. Un centre d'hébergement, un jardin et des salles de classe ont été ajoutés. Suivront des logements pour les professeurs et un terrain de sport. Pour Francis Kéré, ce projet fondateur se résume « en un concept climatique qui permet de développer en économisant l'énergie ». Pour lui, il est essentiel de démontrer aux autorités qu'une architecture rationnelle et de faible coût de construction qui traduit la vérité du processus et des moyens sur place ne puisse offrir mieux que les modèles d'importation occidentale. En tant qu'architecte originaire du Burkina Faso, un des pays les plus pauvres du monde avec un taux d'analphabétisme dépassant les 80 %, Kéré considère qu'il est de son devoir de promouvoir une architecture moderne et durable partout en Afrique. Si Kéré a étudié en Allemagne, depuis 2004 il enseigne à l'Habitat Unit de la Technische Universität Berlin, où il s'intéresse tout particulièrement aux thèmes du logement et du développement urbain, des stratégies de construction pour l'efficacité climatique, de l'utilisation durable des matériaux, de l'intégration de la main-d'œuvre et des techniques de construction locales.

Vendredi le 20 février 2004
copie
calcul

henri, alain et antoine
henri, alain et antoine sont des copains. ils sont dans
des vélos.
il y avait aussi des lapins, des pintades et des poules.

KANGA ET L'IGLOO DU CAMEROUN

COLLECTIF AOA (Organisation des architectes alternatifs), GONDAL AFRICA, CAPA
Construction éco-équitable entre le Cameroun et la France.

www.a-o-a.eu

À l'heure actuelle, l'urgence environnementale et le déséquilibre entre les groupes humains nous dictent d'agir. Les réponses adaptées, voire prospectives, existent aussi bien au Nord qu'au Sud. Mais le rapport complexe entre nos cultures ne facilite pas une réflexion saine sur le développement. Nous devons nous concilier afin de dévoiler, valoriser et exploiter les meilleures solutions. L'AOA, présidée par Patrick Bouchain, considère que l'acte constructif est un moyen efficace pour favoriser une collaboration fructueuse. AOA permet l'échange et la coopération durable, tant par le moment de construction d'un nouveau lieu que par sa programmation et le suivi de son fonctionnement. Aller au Sud pour apprendre et donner et que ceux du Sud puissent aussi venir construire en France. Par exemple, dans la construction des cases, concilier les techniques traditionnelles et une vision contemporaine architecturale avec une programmation discutée collectivement et une activation durable.
Depuis 2003, avec la Cité de l'architecture et du patrimoine, Gondal Africa et l'association AOA s'impliquent au Cameroun. L'exemple de ces deux projets montre cette volonté de correspondance entre l'Afrique et la France. Après la construction de Kanda, une école solaire à Mayo Daneyel, le village de l'artisan Papa Ali, la case de nos amis Mbala et Papa Ali vient d'arriver dans le nouveau centre socioculturel de la cité des Provinces françaises à Nanterre !

Le voyage a été long ! Partie du kilomètre 40 entre Douala et Yaoundé au Cameroun, la case a dû s'adapter aux différents pays traversés pour pouvoir arriver à Nanterre.
Lors de son atterrissage dans le centre social de l'agence Construire, elle s'est transformée en igloo, afin d'abriter du froid les enfants du quartier. Monsieur le contrôleur lui a attaché les pieds par terre pour qu'elle ne reparte pas avec les enfants et qu'elle fasse un bout de chemin avec les habitants du quartier ! La case-igloo est utilisée par l'association La Traverse pour accueillir les enfants du quartier.

Merci Papa Ali, Mbala et leur équipe d'artisans, Julien, Fiona, Sylvia, Alioum, Lamyne, Phil et Myriam.

Fresque du peintre
Alium Moussa

LE HANUL, NO MAD'S LAND

AOA ET ESPLV

www.a-o-a.eu

À dix minutes de la gare du Nord de Paris et à 1 km du Stade de France, ici aux portes de la zone d'activité de la Plaine-Saint-Denis, ville intermittente, pour saisir un bout de monde venant d'ailleurs, celui de l'informel urbain populaire, il est temps de raconter l'immersion d'un campement sédentaire au bout des rails du réseau de chemin de fer. Le Hanul (un caravansérail en langue rom) qui pousse sans aucun ordre de jour, jonché sous l'autoroute A86 et enchâssé entre les nationales 1 et 410. Une rue surprenante assiégée d'un grillage de larges mailles et blottie en plein vacarme assourdissant des trains et des véhicules, ayant pour entrées au nord une benne d'ordures amassées sans aucune règle d'hygiène, et au sud des bouches de toilettes en panne entourées d'immondices qui dégagent des odeurs nauséabondes avec un seul point d'eau potable réservé pour les nécessiteux qui attendent un lendemain meilleur.
À l'évidence, au Hanul, les conditions de vie des Roms sont précaires et difficiles à accepter, le minimum de service public n'est même pas engagé : sans équipement, sans électricité, sans eau courante, sans ramassage des ordures... l'attente demeure impatience et épuisante...
On traverse cette rue (occupée et investie en terrain illégal) plantée, non pas d'alignements d'arbres comme ciel de natures mais de caravanes en bois métal rafistolées pour rendre le temps sédentaire et de baraques rudimentaires (souvent moins de 30 m² pour 4 à 10 personnes), partagées âprement par des hommes, des femmes et des enfants. C'est là où les yeux se révulsent face à ces conditions de vie. En ce sens, au Hanul, toutes les mesures de sécurité ou d'urgence ne sont pas au rendez-vous et le danger d'incendie guette sans cesse les habitants permanents (incendie déclaré au campement en 2008 heureusement sans victimes). Un point de vie considéré malgré tout comme une rare voie de liberté pour les 90 ménages de Roms (originaires de Timisoara, Galati et Tulcea, en Roumanie) qui depuis dix ans occupent dans l'illégalité tolérée un flanc de rive du terrain de Réseau ferré de France (RFF) et de la direction départementale de l'Équipement (DDE).
L'ampleur du « mal logement » aujourd'hui en France est telle que nous devons tolérer, au moins un moment, ces situations d'habitat de survie. La difficulté, pour de plus en plus de monde, à accéder au parc immobilier existant est telle que nous devons trouver des formes alternatives de production de la ville.
En juillet 2008, sous l'invitation de Parada (créée par des artistes circassiens et qui anime des ateliers avec les enfants du Hanul depuis 2003 en prenant bien souvent le rôle de médiateur social), les associations No Mad's land et AOA, spécialisées dans l'architecture, démarrent un travail d'identification et d'analyse de l'habitat des Roms et d'actions sur le site, en particulier à destination des enfants et en collaboration avec les étudiants de l'École supérieure d'architecture de la Villette et le soutien de la fondation Abbé-Pierre.

Le 6 juillet 2010, le campement du Hanul a été démoli. La situation des habitants est dramatique.

LA RUE DU HANUL / JUILLET 2008

Les habitations se répartissent le long d'une voie goudronnée où la vie quotidienne s'organise. Cette rue n'a pas de nom. Le temps d'une journée, un atelier est monté. Avec les enfants, il a été décidé de nommer cette voie « rue du Hanul » et comme pour toute rue, d'y indiquer le numéro des maisons. Suite à de longues discussions, les enfants ont décidé de procéder comme pour une rue française « normale » et de suivre un ordre croissant en numérotant chacune des maisons de la rue, et en respectant les côtés pair et impair.

LA HANULITSA / AOÛT 2008

À la fin du mois d'août 2008, création d'un espace pour les enfants du Hanul dans un ancien Algeco. Cette pièce commune, la Hanulista, visible depuis le RER, sert depuis sa création à de nombreuses activités proposées par l'association Parada (salle de jeux, soutien scolaire, cours de français).

LA CARAVANE DE NO MAD'S LAND / OCTOBRE 2008

Cette caravane, customisée à l'origine lors d'un atelier fait avec le collectif Directeur général et les enfants du Hanul pour une action culturelle lors de la Nuit Blanche à Saint-Denis, est aujourd'hui redevenue une maison occupée par une famille du *Hanul*.

GRADINES / AVRIL-SEPTEMBRE 2009

Le projet de *Gradines* (jardins en Rom) consiste à faire des ateliers de jardinage avec les enfants du *Hanul* tous les dimanches.

TOILETTES SÈCHES / SEPTEMBRE À JANVIER 2010

Après une analyse des modes de vie autour de 30 familles, les étudiants de l'ENSA de Paris-La Villette ont travaillé sur des projets points d'eau à l'échelle de la rue. Lors d'un atelier en collaboration avec l'architecte Julien Beller, ils ont réalisé 8 toilettes sèches.

JARDINS ÉPHÉMÈRES ET MAISON DE LA CRÉATION À FÈS / MAROC

JEAN DEDOLIN, directeur de l'Institut Français de Fez

www.a-o-a.eu

Le Maroc a non seulement pris conscience de ses patrimoines humain, naturel et historique, mais a décidé d'accélérer la mise en place des moyens nécessaires pour une meilleure sensibilisation et présentation de ceux-ci.
Deux plans pluriannuels viennent d'être lancés ; une mise à niveau de l'éducation nationale pour une réduction de l'analphabétisme et un plan Vert pour protéger et valoriser l'espace naturel du territoire.
Nous avons donc décidé de lancer deux sortes d'actions autour de *Jardins Ephémères* et de *l'Habitat* qui s'adressent aux jeunes de moins de 15 ans, lesquels sont le terreau sur lequel se construira le Maroc de demain.
Les projets pluriannuels sont avant tout pédagogiques et ont l'ambition d'accompagner les jeunes dans leur cursus éducatif tout au long de l'année. C'est une forme essentiellement ludique, qui est inscrite dans l'enseignement scolaire et a pour principe, l'adhésion des enfants à une réalisation commune, dans l'espace scolaire et à proximité d'un jardin public.
L'objectif est d'aborder toutes les facettes de la créativité en y ajoutant l'esprit de compétition entre les écoles. Les phases de chaque projet se déroulent ainsi : la découverte du sujet, la recherche et réflexion, la conception, la réalisation de prototypes et maquettes, la sélection, la construction, et la réalisation in situ ; sans oublier, à la fin, la communication essentielle pour une valorisation de l'ensemble.
L'imaginaire est sollicité au maximum et l'accompagnement d'architectes, designers, artistes ne peut que renforcer cette créativité.
Nous avons concentré ces actions sur 10 établissements scolaires publics de Fès-Jdid, en Médina de Fès, afin de réaliser un ensemble complet entre espace vert et habitat et permettre une sensibilisation à l'environnement urbain.

LES JARDINS ÉPHÉMÈRES

Cette opération a été lancée il y a trois ans par la Fondation Mohammed VI pour l'environnement dans le jardin Jnan-Sbil qui borde le quartier de Fès Jdid en médina. Les établissements scolaires ont déjà travaillé, sous la coordination de Bruno Marmiroli, architecte paysagiste, sur les thématiques suivantes : « le jardin arabo-andalous » et sa lecture du potager, du jardin des simples, des plantes médicinales, du verger... « les jardins du monde » l'an passé, et en 2010, « habitat et habitants » (hôtels à insectes et maisons des animaux). Le processus reste le même chaque fois : présentation et historique des jardins en y abordant l'environnement, les espèces ; choix du thème, recherche documentaire, découverte de vocabulaire, travail de l'imaginaire, présentation individuelle, mode d'expression, sélection et réalisation.
2010 a vu naître une deuxième implantation à Casablanca en vue d'une labellisation du concept dans toutes les grandes villes du royaume.

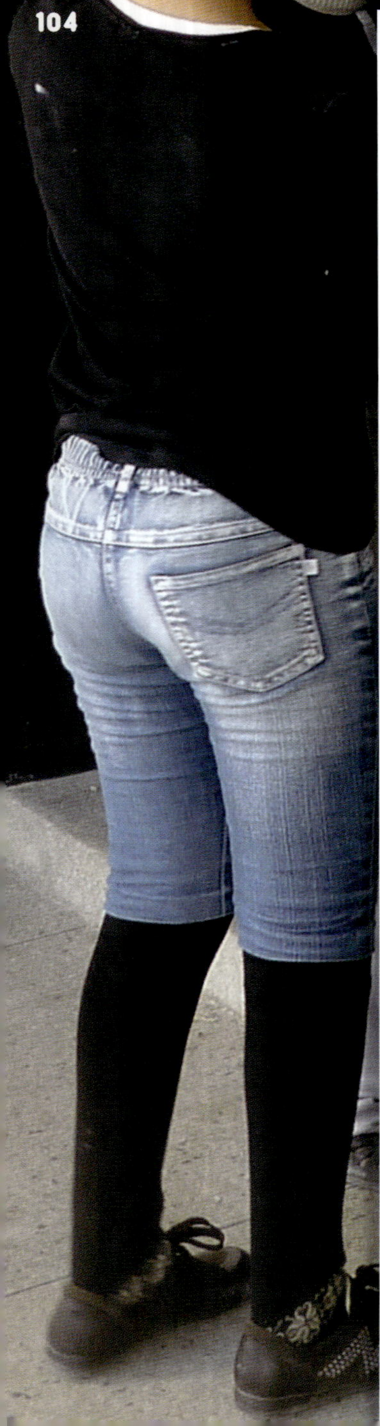

Par extension, et s'adressant aux étudiants de l'école d'architecture de Fès, l'architecte japonais Kinya Maruyama, cofondateur du groupe Team Zoo au Japon, réalise des pavillons éphémères à Jnan Sbil, en utilisant les techniques traditionnelles d'habitat marocain et japonais (bambous et cannes, mortier et pierres, fibres et bois...). C'est une deuxième étape pour une sensibilisation de l'élite de demain dans les domaines de l'urbain et de l'habitat.

PETITES ARCHITECTURES ET MAISON DE LA CRÉATION

L'espace scolaire est également investi physiquement par un programme proposé par la Cité de l'architecture et du patrimoine et sa responsable de programme Fiona Meadows, qui depuis deux ans, en complément et en lien avec le projet précédent, développe une prise de conscience patrimoniale de la culture marocaine. Les enfants passent une majeure partie de leur journée à l'école et celle-ci est le lieu de rencontre et d'échange par excellence. Ces deux dernières années ont permis de réaliser, dans un premier temps, autour du patrimoine culinaire et de la transmission, la conception de recettes, la fabrication d'ustensiles, d'accessoires de cuisine, de repas. Les réalisations s'inscrivent dans la tradition et permettent de valoriser, non seulement les produits de la nature, mais ceux transformés par l'homme et qui sont la base de la cuisine marocaine. C'est un travail de l'imaginaire, de la mémoire familiale et collective. S'y est ajoutée l'installation d'espaces pour les enfants au sein des cours de récréation. Pupitres et autres supports scolaires embellis ont offert de véritables petites architectures installées dans le paysage de l'école.

En 2010, la Maison de la création a franchi une étape avec un objectif ambitieux de labellisation d'une salle au sein de chaque établissement, dédiée à la création artistique : poésie, lecture, ateliers d'arts visuels ou plastiques y prennent ainsi désormais place. Chaque établissement public de la ville de Fès pourra avoir son espace ludique pour les élèves et enseignants. Cette première Maison de la création, conçue et réalisée par l'équipe d'AOA (Sylvia Frey, Ophélie Estève, Clarisse Robert, Thomas et Loubaki) et par Fiona Meadows, est une première au Maroc et devrait essaimer sur le territoire dès l'an prochain.

ACTIVER !

LA MAISON DE MON DOUDOU

FRANÇOIS SEIGNEUR . STUDIO BURO . AOA. CAPA. PSF.

www.a-o-a.eu

En France, dans les services d'onco-hématologie pédiatrique de certains hôpitaux, deux étudiants en architecture proposent à un enfant (entre 3 et 11 ans) de participer le temps d'un après-midi à l'atelier La Maison de mon doudou, action imaginée par Fiona Meadows dès 2003 et aujourd'hui associée à Sylvia Frey (AOA). Celui-ci s'articule autour de la fabrication et de l'appropriation d'une maison en kit pour un doudou, conçue spécialement par l'architecte François Seigneur. Le sol, les murs et le toit de la maison consistent en trois éléments prédécoupés dans des plaques de polypropylène coloré que l'enfant assemble par un jeu de pliages et d'emboîtements. Feutres, stickers et autres matériaux mis à sa disposition lui permettent ensuite de se l'approprier selon un thème artistique donné imaginé par le groupe Studio Buro, également personnalisable. Le doudou a été créé par la designer Caroline Lisfranc. Cet ours aux longs bras à colorier est maniable et attirant par ses proportions, son apparence et sa texture unique. À l'issue de l'atelier, chaque enfant garde son doudou et sa maison.

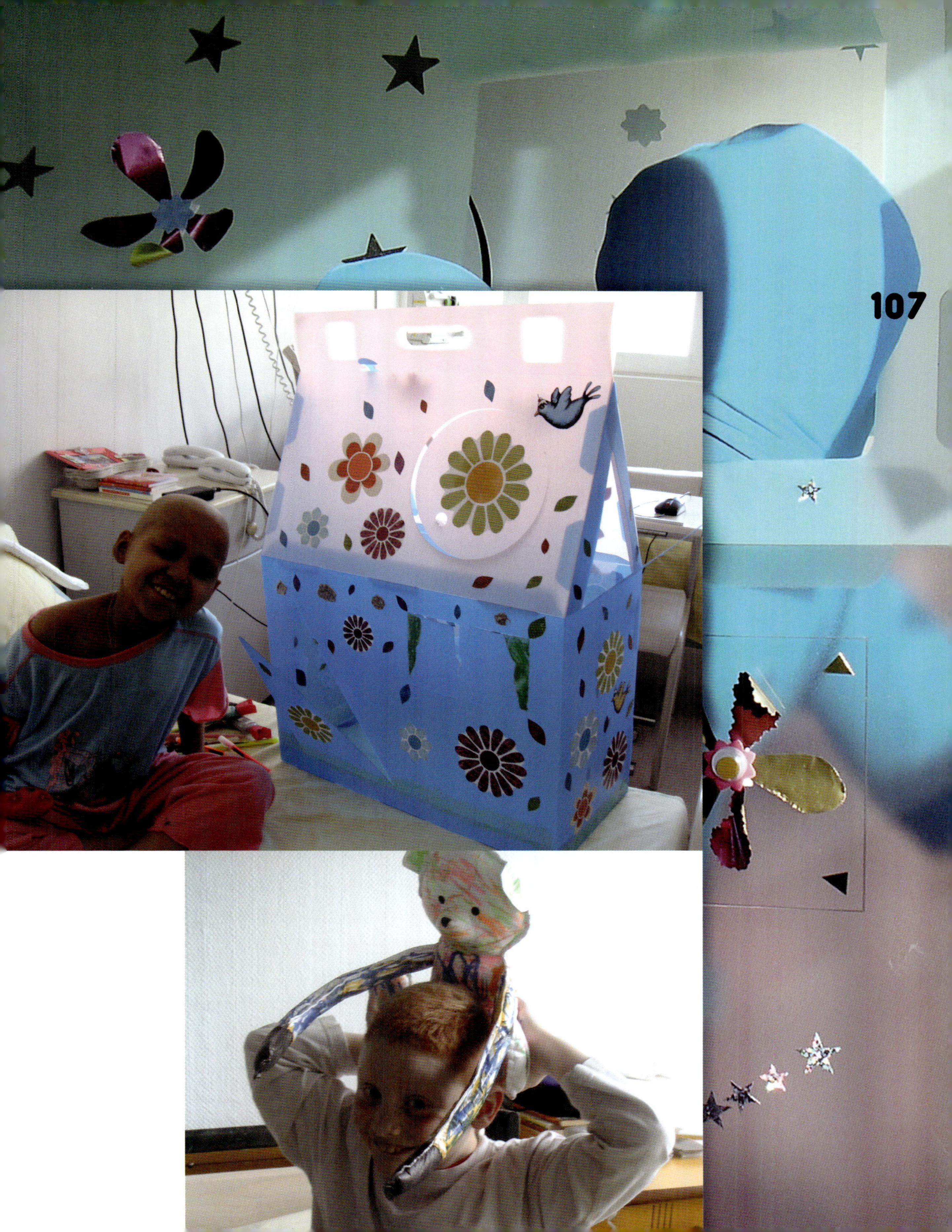

DRAWING THE SPACE
JORDI FERREIRO

www.jordiferreiro.com

Dessiner l'espace en volume grâce à du scotch de couleur d'une manière collaborative avec les enfants qui viennent à La Panera, centre d'art de Lleida, c'est ce que propose l'artiste barcelonais.

MOBILIER EN SABLE

5.5 DESIGNERS

www.cinqcinqdesigners.com

Quelle alternative entre le transat et la serviette ?
Il nous est tous arrivé de creuser notre petit coin de confort sur la plage ou de nous aménager un dossier de fortune avec une bosse de sable. Plus qu'un mobilier, nous proposons un service, en mettant à disposition du public une gamme de moules proposée gratuitement par un sponsor, une municipalité, ou en location, à faible coût. Chacun peut alors composer son salon de plage alors que coquillages, algues, et autres galets deviennent matière à expression.

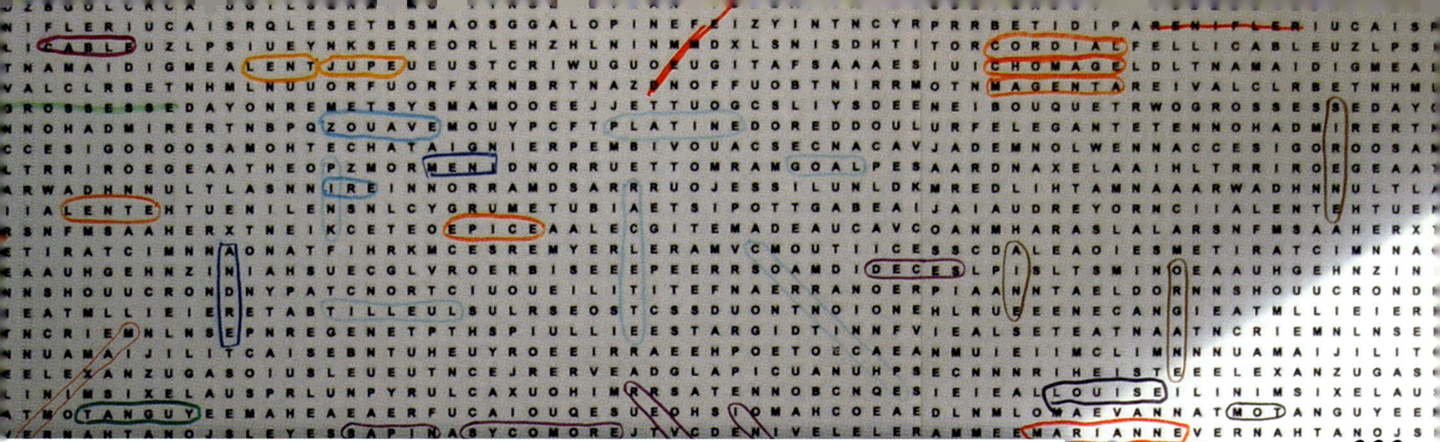

WALLPAPER GAMES

5.5 DESIGNERS

www.cinqcinqdesigners.com

Comment créer du papier peint sans se confronter à un discours ornemental alors que le motif constitue son intérêt principal ?

Plus qu'un simple revêtement mural, nous proposons à travers cette gamme une surface d'expression, un terrain de jeu auquel vous prenez part. Seul ou à deux, retrouvez le chemin du labyrinthe, les mots cachés au milieu des lés ou défiez votre partenaire au célèbre jeu de Morpion.

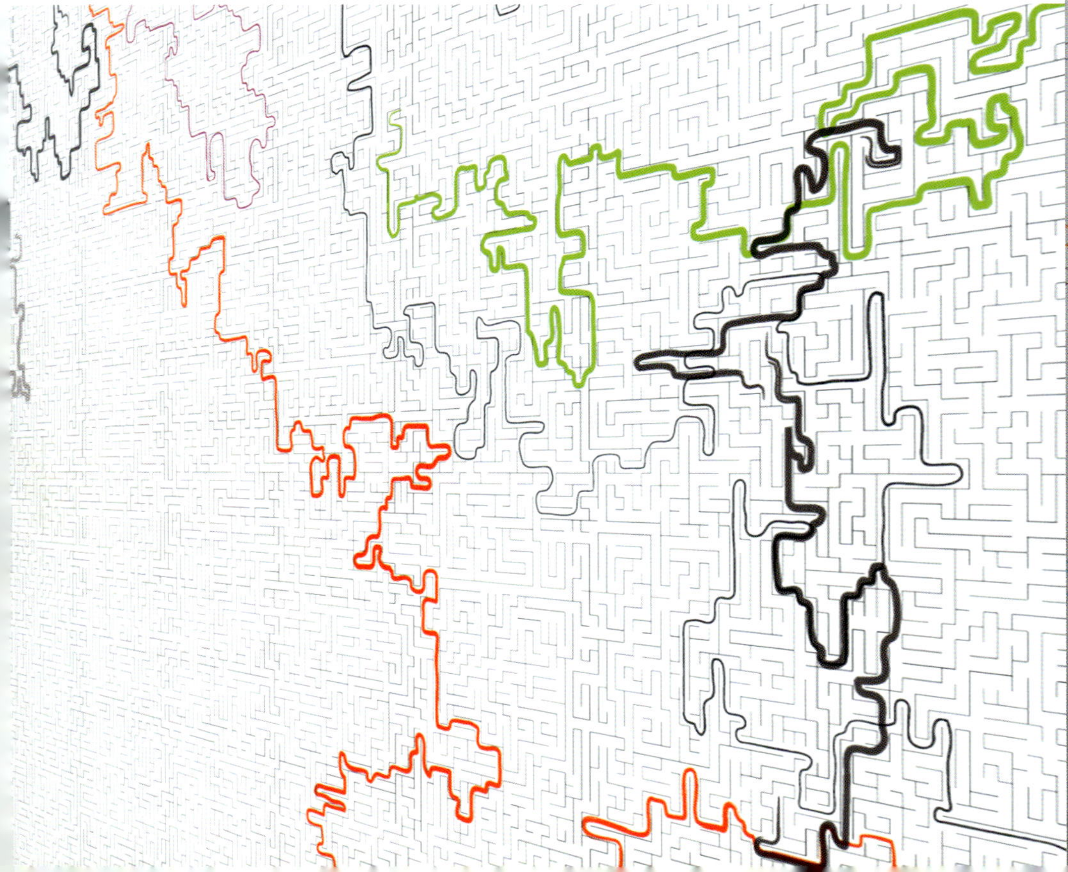

MATERNELLES SOUS CHAPITEAU

CARINE BONNOT ET THIBAUT CANDELA, COLLECTIF ZOOMARCHITECTURE

www.zoomarchitecture.fr

Le projet concerne la construction d'un petit chapiteau pour une classe de maternelle. Suite à des ateliers d'initiation au cirque au sein du Channel, au cours desquels les enfants ont expérimenté le jonglage et l'équilibre, un projet de construction de leur chapiteau est envisagé. Il s'agit de pouvoir construire eux-mêmes, avec leurs propres outils (les mains !) une structure démontable à échelle réduite.

À partir d'un textile élastique de plan carré posé au sol et lesté par des sacs de sable, les enfants élèvent des poteaux de cartons sous la toile. Le Lycra coloré prend forme selon la position des poteaux disposés par les enfants. Acteurs de la construction, ils agencent un espace à leur taille. De chaque montage résultent des formes différentes, et la structure est aussi rapide à monter qu'à démonter.

Atelier pédagogique CLEA, coordonné par le Channel, scène nationale de Calais avec l'école maternelle de l'aéroport de Marcke, classe de petite section de Juliette Planche, enseignante, assistée de Dominique Baude.

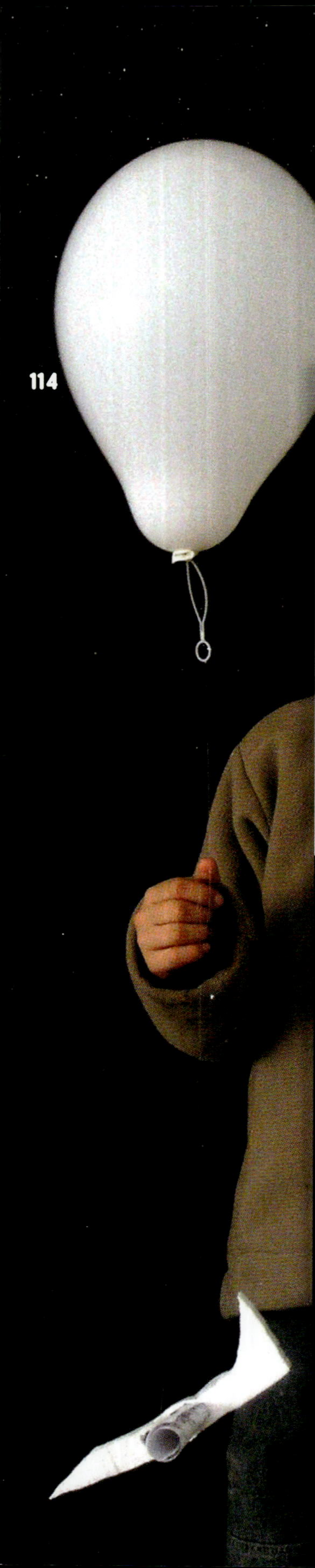

FLYING OBJECTS

ADRIEN ROVERO

www.adrienrovero.com

Chaque ballon porte un message écrit par un enfant sur un morceau de polystyrène. À la fin de l'atelier, une station tour a été réalisée pour rassembler les messages avant l'envoi. Atelier conçu à Villa de Noailles en 2008.

VEGGIE BLING BLING / MILK WORKSHOP / CHOCOLA' D'AMOUR

MARIJE VOGELZANG

www.marijevogelzang.nl

Inviter les enfants à faire des bijoux avec les légumes et en utilisant ses dents comme outils, écrire avec du chocolat… Ou comment faire pour que les enfants mangent sainement en s'amusant. Expériences d'Amsterdam, Pays-Bas, 2007.

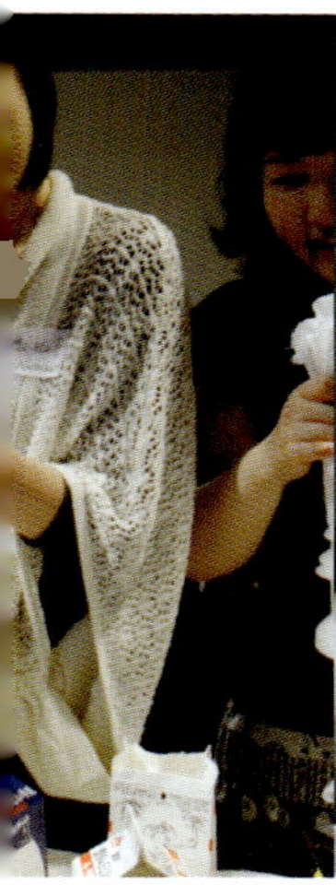

FLYING COLORING WALL

STUDIO BÜRO

www.studioburo.com

Plateforme de création pluridisciplinaire, Studiobüro est un collectif de jeunes graphistes et illustrateurs. Une dizaine d'artistes y développent des projets pluridisciplinaires et/ou ludoéducatifs en collaborant avec des auteurs, des musiciens, des plasticiens, etc.
Ces cinq dernières années, Studiobüro s'est distingué avec *Flying coloring wall*, des murs de coloriage géants illustrés à main levée par l'artiste Postics et par d'autres illustrateurs de renom.

Le projet a conquis les publics du Centre Pompidou et traversé les océans (Musée d'art de Joliette, Canada juin 2009).

PETITE CUISINE AU FOND DU JARDIN

MARTINE CAMILLIERI

www.martinecamillieri.com

Construire, un été, une cuisine avec des tréteaux et des cageots, savoir comment fabriquer son évier, installer son électricité, se faire un mini-potager pour manger ses tomates, ses radis et cultiver des herbes aromatiques. Apprendre à cuisiner du frais et du cru ou des conserves, mais avec des petites sauces malignes. Évidemment, cuisiner sans feu… Et attendre les grosses chaleurs pour tester la recette de la fondue à la canicule (fruits frais trempés dans du chocolat tout mou).

Une façon d'apprendre à manger en pique-niquant tous les jours. Un retour aux goûts simples, à la nature, au « bien et bon manger ». Il éveille à la créativité, au plaisir de fabriquer des choses soi-même avec des objets récupérés. Il apprend l'écologie, le goût de cultiver, à vivre en harmonie avec son environnement.

DOLO

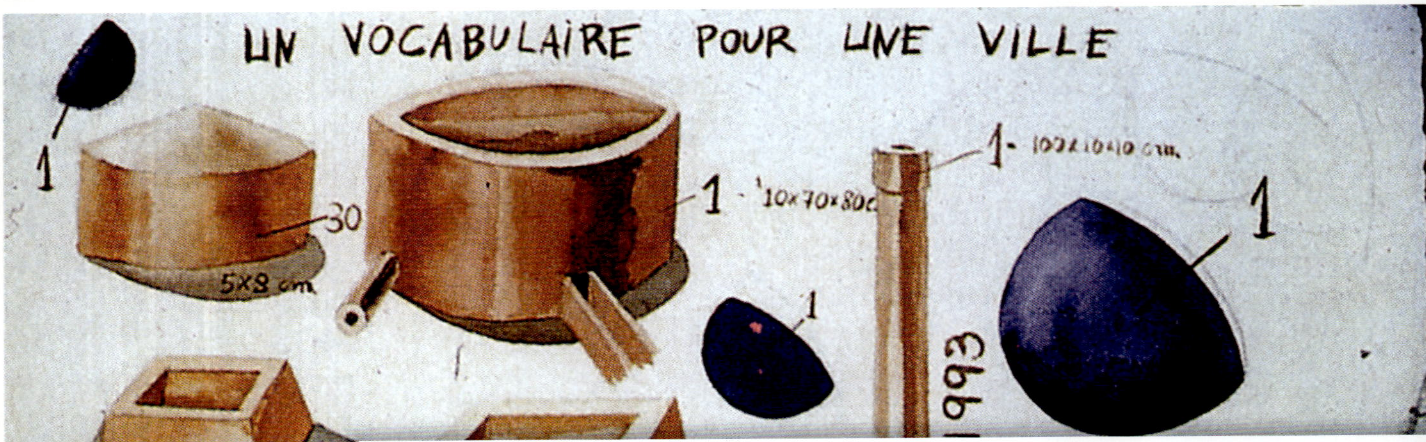

SOUS LA LUNE II

MIQUEL NAVARRO

www.miquelnavarro.com

Constituée d'un millier de pièces de fonte d'aluminium, déployée au sol sur 50 m², l'œuvre-jeu Sous la lune II se lit et se joue telle une ville imaginaire vue depuis la Lune : ici des cheminées d'usines et des canaux d'irrigation, là des places, des gratte-ciel ou de simples maisons… Le regard survole une étendue d'éléments : cubes, pyramides, tours, colonnes… Des espaces libres contrastent avec des zones très denses, d'étroits passages répondent à de larges avenues, l'immense et le minuscule voisinent. Les collections de formes s'assemblent et s'organisent, les combinaisons sont infinies, les règles du jeu aussi.

Au cours des visites-ateliers, la ville se dévoile ; passé, présent et avenir se côtoient ; villes arpentées, explorées et rêvées se mélangent. De la rencontre entre la vision des enfants et celle de l'artiste naissent chaque jour de nouveaux paysages urbains.

Cette exposition-atelier s'adresse à tous ceux qui s'intéressent à la ville et à son développement, elle permet aux petits comme aux grands d'explorer l'imaginaire urbain et de le partager en groupe.

L'œuvre-jeu *Sous la Lune II* du sculpteur Miquel Navarro est une commande du service Programmation jeune public du Centre Pompidou, Paris. Elle a été présentée à la Cité de l'architecture et du Patrimoine du 18 novembre 2009 au 24 février 2010.

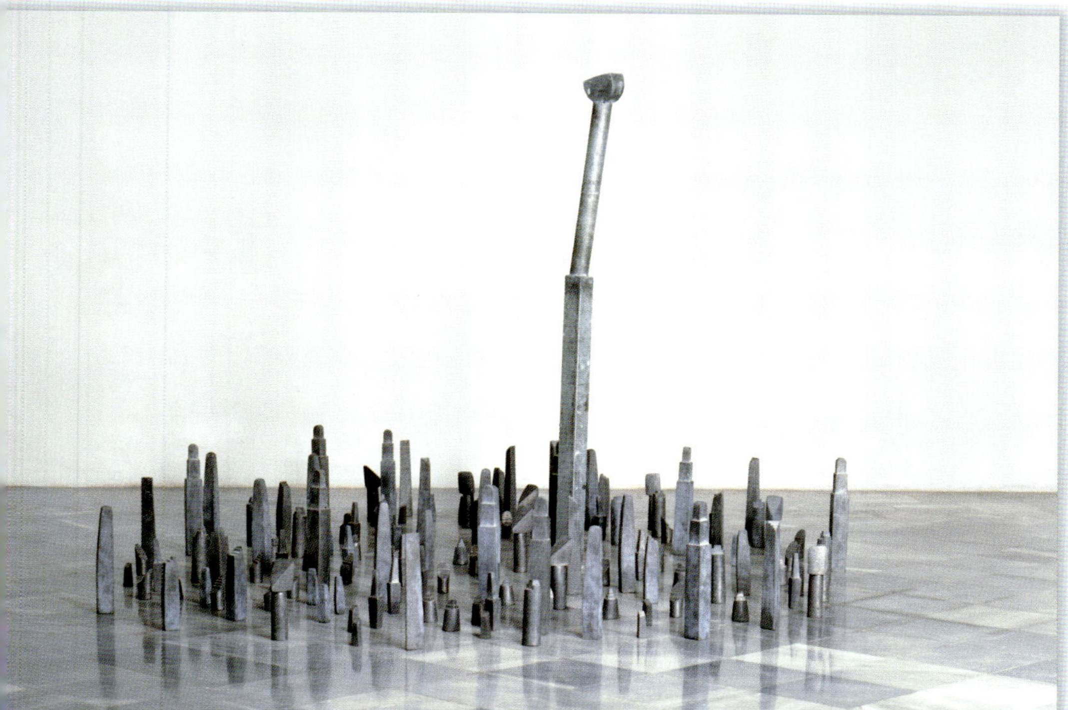

PETIT MAIS
PETIT MAIS
PETIT MAIS
CRÉATIF
4
MINI
MAOUSSE
2009-2010
RÉSULTAT
DU CONCOURS

FIONA MEADOWS
COMMISSAIRE DU CONCOURS MINI MAOUSSE

IL ÉTAIT UNE FOIS PIROUETTE CACAHUÈTE...

Renversement de point de vue, jeu avec les échelles... Une grande maison devient minuscule quand Alice grandit au Pays des merveilles, ou au contraire immense quand Alice rétrécit. La perception du monde bascule pour Gulliver, géant malgré lui dans un monde de Lilliputiens...
Et si l'on évitait de penser à partir du standard, d'un homme aux mesures universelles, idéales, dictant les proportions de l'architecture, de la ville, selon ses seules mensurations théoriques parfaites ? Si l'on s'intéressait au non-standard, si proche et pourtant si éloigné de notre conscience quotidienne, si l'on adoptait le point de vue des enfants, qui habitent un monde hors d'échelle pour eux, on partirait de leurs mesures pour imaginer une microarchitecture à insérer dans une chambre, un jardin, une cour d'école, un espace libre à conquérir, avec de nouvelles proportions, pour d'autres usages... Tel est bien le défi lancé par Mini Maousse 4.
Concevoir pour des petits de moins de 8 ans (ne dépassant pas 1,20 m) un espace dont l'usage reste à imaginer, mais avant tout un espace à partager : pour lire, jouer, bouder, rêver, chuchoter, se déguiser, patauger... un théâtre, une maison, une « baby-disco », un manège, un atelier, une école à roulettes, mais surtout pas un cocon, ni une cabane ! Tout cela en intégrant les enjeux environnementaux de toute production architecturale d'aujourd'hui, en utilisant le carton, le papier, le bois, et en laissant bien sûr à l'enfant la possibilité d'intervenir, d'individualiser son espace.
Une architecture pour s'amuser mais aussi « pour de vrai », idéale comme une folie, un rien surréaliste, qui donne de l'air aux plus petits.

Ce concours a pour originalité de ne pas se limiter uniquement aux étudiants d'écoles d'architecture françaises mais d'être également ouvert aux étudiants de niveau L3 ou au-delà (aucune limite d'âge n'est fixée) inscrits pour l'année universitaire 2008/2009 ou 2009/2010 dans une école française de design, d'art, du paysage, ou dans une école d'ingénieurs. Et pour la première fois, un pays est invité à participer au concours Mini Maousse 4 : la Tunisie, grâce au soutien de l'Institut français de coopération de Tunis et du ministère de l'Éducation de Tunis.

Pour choisir les lauréats, mentionnés et coups de cœur, le concours s'est déroulé en deux temps :
• en février, 45 projets sur 320 ont été sélectionnés par une commission d'experts ;
• fin mars, le grand jury, placé sous la présidence de Marcel Rufo, pédopsychiatre de renom et chef du service de pédopsychiatrie à l'hôpital Sainte-Marguerite à Marseille, a donné son palmarès. Résultat des courses : 5 équipes lauréates, 2 mentionnées et 38 coups de cœur pour la France ; 1 lauréat, 2 mentionnés et 10 coups de cœur pour la Tunisie.
En mai, un autre jury très particulier s'est déroulé à Saint-Denis lors du festival « Et moi alors ! » au théâtre Gérard-Philipe où 1 770 enfants de Saint-Denis ont élu parmi les 43 projets présentés leurs préférés. Les grands gagnants : *Promenons-nous dans les bois*, *Imagine-moi* et *N-Ice Cube*.
L'autre spécificité du concours est le prix décerné aux lauréats ; il ne s'agit pas d'un voyage ou d'une somme d'argent comme il en est coutume mais de la possibilité de réaliser son prototype lors d'un atelier en juillet à l'École supérieure du bois. Par ailleurs, les projets primés seront diffusés à travers des expositions afin de valoriser la création de nos jeunes dont nous sommes extrêmement fiers. Petits en âge (comme créateurs), mais très créatifs !

LISTE DES EXPERTS / FRANCE / DU 3 AU 5 FÉVRIER 2010

Constance Rubini /
Catherine Bossut /
Elodie Brisson /
Enora Prioul /
Isabelle Pellegrin /
Véronique Andersen /
Alexandra Guelman /
Aurélie Cottais /
Rémy Marciano /
Ania Redjeuh /
Tové Wallsten /
Christine Lancestremère /
Franklin Azzi /
Antoine Santiard /
Jonathan Bruter /
Simon Jaffrot /
Gilles Delalex /
Malika Poplawski /
Boris Schneider /
Cédrix Lissajoux /
Alexandre Doucin /
Fabien Caridel /
Elisabeth Lortic /
Jean-Christophe Quinton /
Vladimir Doray /
Clotilde Viellard Buchet /
Myriam Feuchot /
Sylvain Enguehard /
Jean-Marc Hofman /
Arnaud Godevin /
Benjamin Colboc /
Clément Vergely /
Raphaël Gabrion /
Alexandra Prost /
Margaux Minier /
Charles-Henri Tachon /
Ophélie Bertout /
Pacôme Bommier /
Fiona Meadows

LISTE DES MEMBRES DU JURY / FRANCE / DU 29 MARS 2010

Marcel Rufo, pédopsychiatre, chef du service de pédopsychiatrie à l'hôpital Sainte Marguerite, président du jury /
Michel Bertreux, architecte, Tetrarc /
Arnaud Bonnet, Pôle de compétitivité « Enfant » du Pôle enfants du Choletais /
Frédéric Michel Dales, directeur de DJECO /
Michel Bouisson, chargé des aides à la création et des relations écoles, Valorisation de l'innovation dans l'ameublement (VIA) /
Maryse Damiens, journaliste, *Enfant Magazine* /
Gilles de Bure, auteur /
Florence Doléac, designer /
Chantal Hamaide, directrice de la rédaction de *Intramuros* /
Alexander Von Vegesack, directeur du Vitra Design Museum /
Arnaud GODEVIN, directeur de l'École supérieure du bois à Nantes /
Domingo Martin, responsable d'atelier de l'École supérieure du Bois à Nantes /
François de Mazières, président de la Cité de l'architecture et du patrimoine /
Francis Rambert, directeur de l'Institut français d'architecture /
Myriam Feuchot, responsable production, IFA /
Fiona Meadows, responsable de programmes et commissaire du concours Mini Maousse.

LISTE DES MEMBRES DU JURY / TUNISIE / DU 16 FÉVRIER 2010

Karim Ben Amor, architecte (TN) /
Fiona Meadows, Cité de l'architecture et du patrimoine Paris (FR) /
Mongi Hammami, école du paysage de Versailles (FR/TN) /
Arnaud Godevin, directeur de l'École supérieure du bois à Nantes (FR) /
Slim Karrai, concepteur d'espaces en bois, spécialiste du bois de palmier (TN) /
Irène Bourse, attachée culturelle de l'Institut français de coopération en Tunisie, ambassade de France en Tunisie /
Céline Savoye, chargée de mission à l'Institut français de coopération en Tunisie, ambassade de France en Tunisie /
Dorra Louzili, sous-directeur des bourses à l'étranger, ministère de l'Enseignement supérieur et de la recherche scientifique /
Hassen Ellouze, École du bois de Sfax (TN) /
Mémia Taktak, designer (TN) /

PRÉLUDE CARTON !

Lors du concours Mini Maousse, des créateurs confirmés ont été invités à faire une exposition pour le lancement du concours. Pour sa 4e édition, Mini Maousse innove en créant un lien entre le monde de l'architecture et celui de l'industrie autour du matériau carton. 13 architectes de France et de Tunisie imaginent des cabanes en carton pour les enfants, et d'autres créateurs qui aiment plier, déplier, froisser, couper, coller... jouer avec le carton ! sont présentés dont un salon imaginé par Molo design et une tour en carton, conçue lors d'un workshop d'étudiants autrichiens pour le pavillon d'About à la Cité de l'architecture et du patrimoine.

Catalogue de l'exposition : *Carton Plein ! 13 architectes à l'exercice de la cabane*, sous la direction de Fiona Meadows, éd. Alternatives, Paris, janvier 2010, 144 pages.

Karim Ben Amor, Ophélie Bertout et Marcus Kistner, Patrick Bouchain, Collectif 3rs/ar(t)chitectes, Encore Heureux, Hamonic et Masson, Samir et Monia Makhlouf, Stéphane Maupin, Michèle Orliac et Miquel Batlle, Dominique Perrault, Matthieu Poitevin, Rudy Ricciotti, Mémia Taktak imaginent des petites cabanes en carton pour chambre d'enfant d'aujourd'hui. Chaque cabane propose une typologie différente, tipi, igloo, jeu de briques, forme cubique, origami, objet récup, simple feuille pliée ou non...

UNE TOUR EN CARTON !
ARCHIWASTE ET KOGE
(INSTITUT FÜR KONSTRUKTION UND GESTALTUNG)

www.archiwaste.org
© Gaston Bergeret

Entièrement construite en carton, comme signal d'appel pour l'exposition Carton Plein !, la tour a été modélisée à partir d'un principe de pli simple qui crée une unité entre matérialité, espace et structure.
Cette structure haute de 10 m, composée de 96 éléments assemblés par 300 boulons, ne pesait que 280 kg. Elle a pu être montée en à peine une journée, sans échafaudage !
Cet atelier sculpture à l'échelle 1 était organisé par le collectif ArchiWaste et Koge (Institut für Konstruktion und Gestaltung) et les étudiants de la faculté d'Innsbruck (Autriche), sous la direction de Mme Edda Shauer et de Rupert Maleczek pour l'espace de l'escalier de la Cité de l'architecture et du patrimoine.

Le studio Molo est dédié à la recherche de matériaux aussi bien qu'à la création d'espaces, de mobiliers, du luminaire modulable à l'infini en papier et carton.
Le système modulaire softwall propose une structure de partitions flexibles et autoportantes qui peut s'étendre et se contracter aisément afin de créer des espaces intimes au sein d'un espace plus important. Le softseating est inspiré de ce désir de créer des espaces de manière spontanée et flexible. Les extrémités magnétiques du softseating se connectent entre elles pour former un tabouret de forme cylindrique ou bien une table basse. Des éléments de la même taille peuvent également être assemblés entre eux pour former de longs bancs en serpentine, avec d'infinies possibilités de topographies.

Molo, basé à Vancouver, au Canada, est un studio de design et de fabrication né de la collaboration entre Stéphanie Forsythe, Todd MacAllen et Robert Pasut.

UN SALON CARTON !

MOLO DESIGN

http://www.molodesign.com

© Gaston Bergeret

MARCEL RUFO
PÉDOPSYCHIATRE, CHEF DU SERVICE DE PÉDOPSYCHIATRIE
À L'HÔPITAL SAINTE-MARGUERITE, PRÉSIDENT DU JURY

GÉNIAL, CE CONCOURS !

Il provoque chez les examinateurs émotion, surprise, réflexion et adhésion. Sans doute persiste-t-il chez nous une part innée d'enfant architecte, constructeur de cabanes. Une de mes amies, il y a longtemps, avait choisi comme sujet de thèse « Les enfants de petite taille ». Elle-même n'était pas très grande et travaillait chez un professeur d'endocrinologie tout petit. Je ne résiste pas au plaisir de vous confier son nom car sans doute il participe aussi de son choix : elle s'appelle Chicot. Elle nous entraîne dans une série de réflexions cliniques passionnantes : la vision des dessous de table, les chewing-gums collés, oubliés et abandonnés... Elle aimerait, j'en suis sûr, tous les travaux des participants à ce concours. On se demande bien pourquoi tous les hôpitaux, toutes les écoles et tous les jardins publics ne font pas appel aux jeunes créateurs pour que nous soyons nimbés dans un monde bien plus créatif que celui du principe de précaution, de la monotonie des architectures répétitives et stériles.

Ces travaux sont une bouffée d'optimisme démontrant que les nouveaux talents changeront le monde. Souhaitons-leur bonne route.

AFFICHE MINI MAOUSSE 4
SYLVAIN ENGUEHARD / 2009
Impression offset / 80 x 120 cm

LE NAUTILUS
YOURI JEDLINSKI ET AMBRE DE RICHEMONT / INSTITUT SUPÉRIEUR DES ARTS APPLIQUÉS / PARIS / LISAA

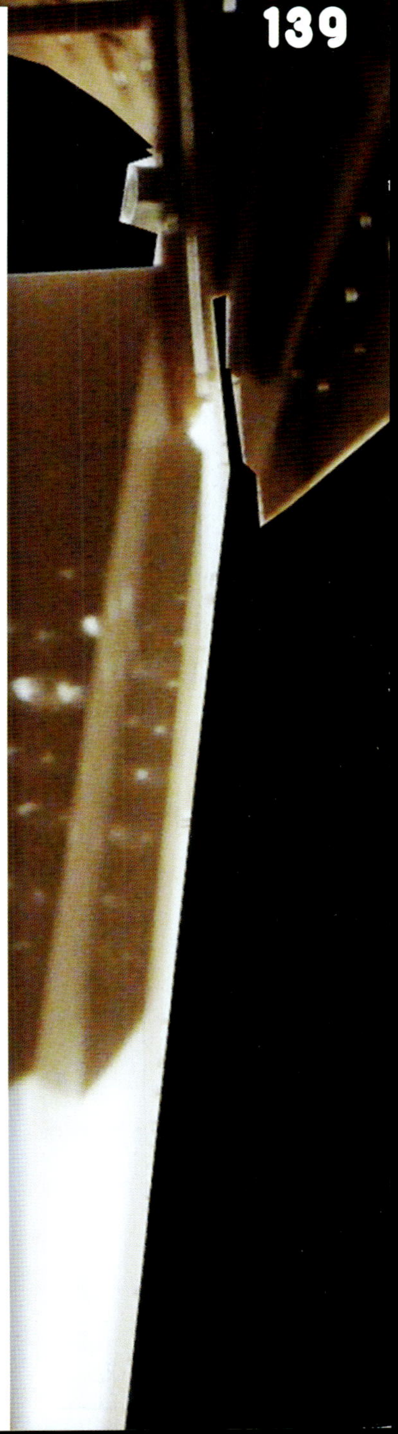

Le Nautilus s'inspire du céphalopode marin, offrant à l'enfant hospitalisé un moyen de se recréer son univers personnel et personnalisable. Déployé, le Nautilus constitue un habitacle dans lequel l'enfant pourra se sentir en sécurité, se couper du monde hospitalier mais aussi jouer avec le corps médical et surtout s'amuser et rêver grâce aux différentes bandes du *Nautilus*.

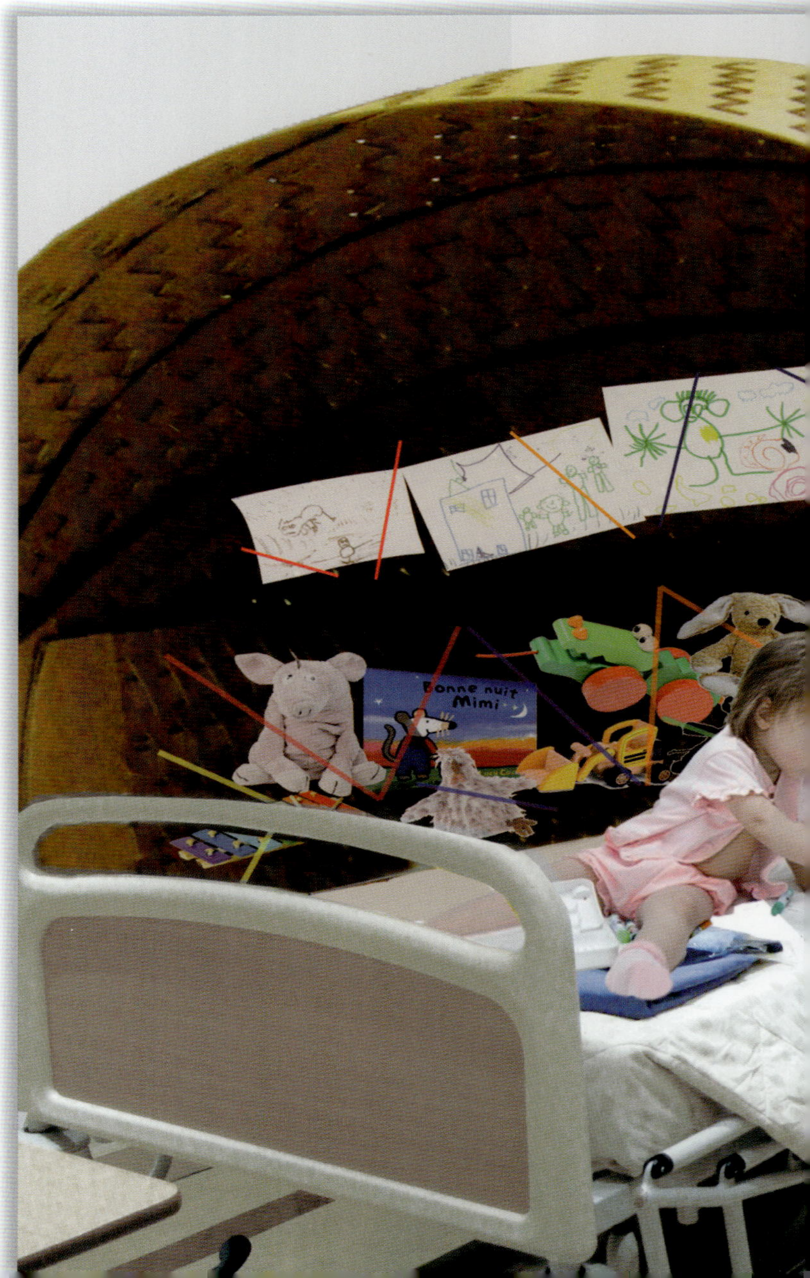

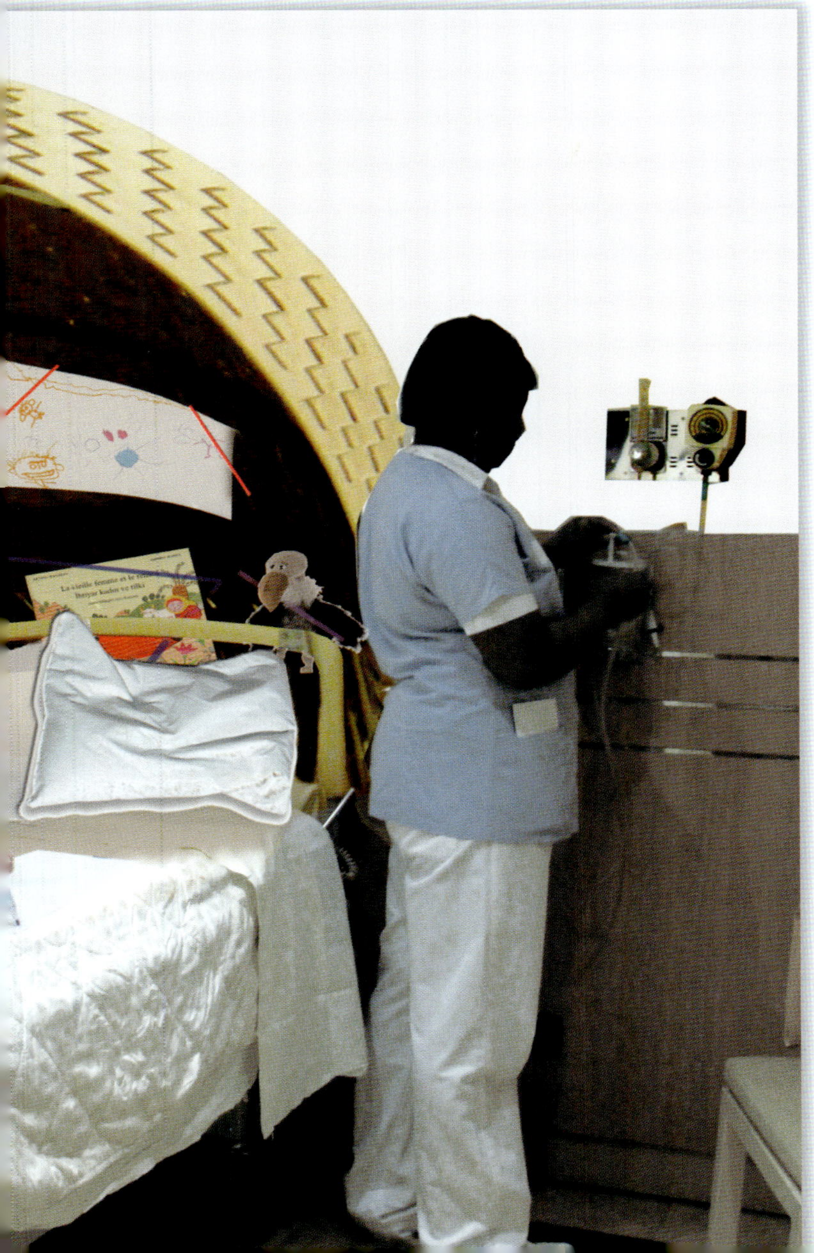

AMPHITHEATRE
CENTRE
DE CONFERENCE

LE NAUTILUS

TAMBOUR'IMAGE
LOUISE OLIVERES /
ÉCOLE NATIONALE SUPÉRIEURE D'ART DE DIJON /
ENSA DIJON ART & DESIGN /

Braver les interdits du quotidien en faisant du bruit et de grands gestes, chercher un son en rapport avec une force... et créer à son rythme sa propre musique avec son propre orchestre...

Tambour'image joue sur la corporalité, la dimension gestuelle et sensorielle de l'enfant. Les mouvements spontanés produisent des sons puis une musicalité lorsque la caisse de résonance devient tambour...

Vitap

ANOTHER GROUND

DERE GUM ET KARINE BERGER /
ÉCOLE NATIONALE SUPÉRIEURE D'ARCHITECTURE PARIS -VAL DE SEINE /

Démontable en 6 parties Chaque partie ne dépasse pas les dimensions de 230cm x 100cm x 100cm.

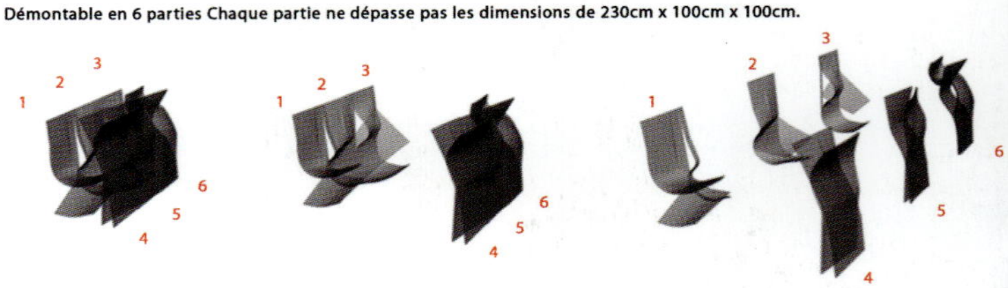

Montage successif de 6 parties séparées.

Entrelacement de couches / entrelacement des éléments en bois.

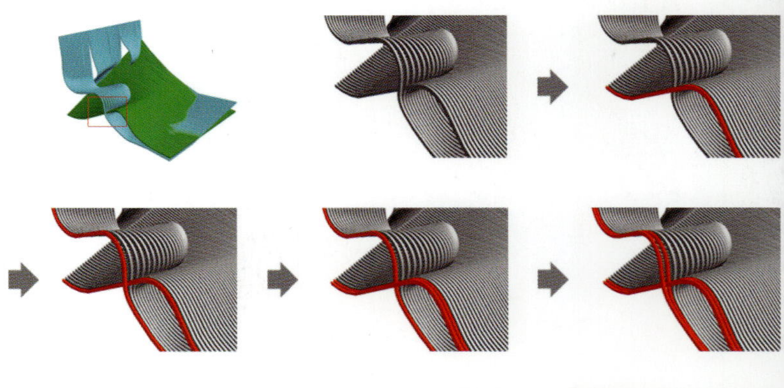

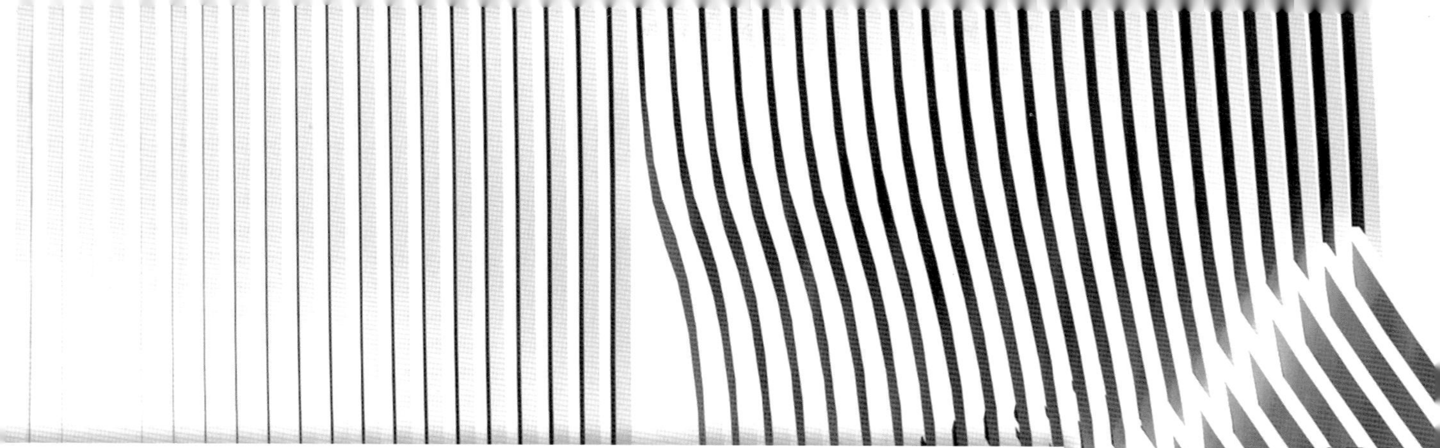

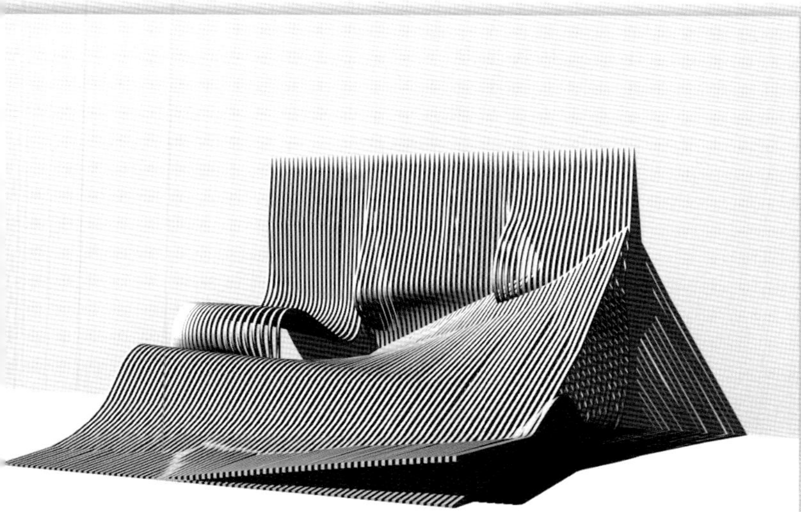

Another ground n'est pas un objet, mais plutôt un décollement du sol, une continuité du sol. Son espace ne se réduit pas à un espace créé par l'objet, mais c'est un espace qui ramène le paysage, l'environnement aux enfants. Son territoire de jeu n'est pas fermé en un objet, mais s'ouvre vers l'extérieur en faisant face au paysage.

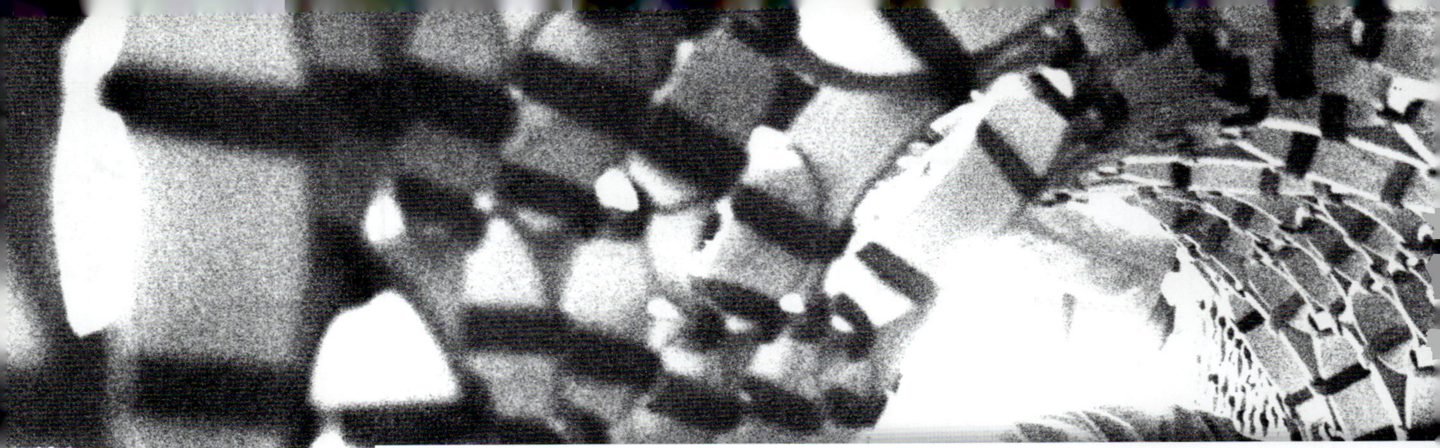

LE BONOBO

ANDREAS CAMPAGNO, CHARLES DELCOURT, SOPHIE WITTMANN,
LOUISE NAUDIN ET SIMON JOUEN /
ÉCOLE NATIONALE SUPÉRIEURE D'ARCHITECTURE DE NANTES /

Le Bonobo, assemblage de bagues de carton liées par des scratchs, constitue une résille souple à l'échelle des enfants. Ceux-ci peuvent évoluer dessus, dedans et autour, découvrant des recoins propices à chacune de leurs humeurs. À l'intérieur, ils glissent dans un espace kaléidoscopique vivant. À l'extérieur, la peau ajourée et perméable offre des prises idéales.

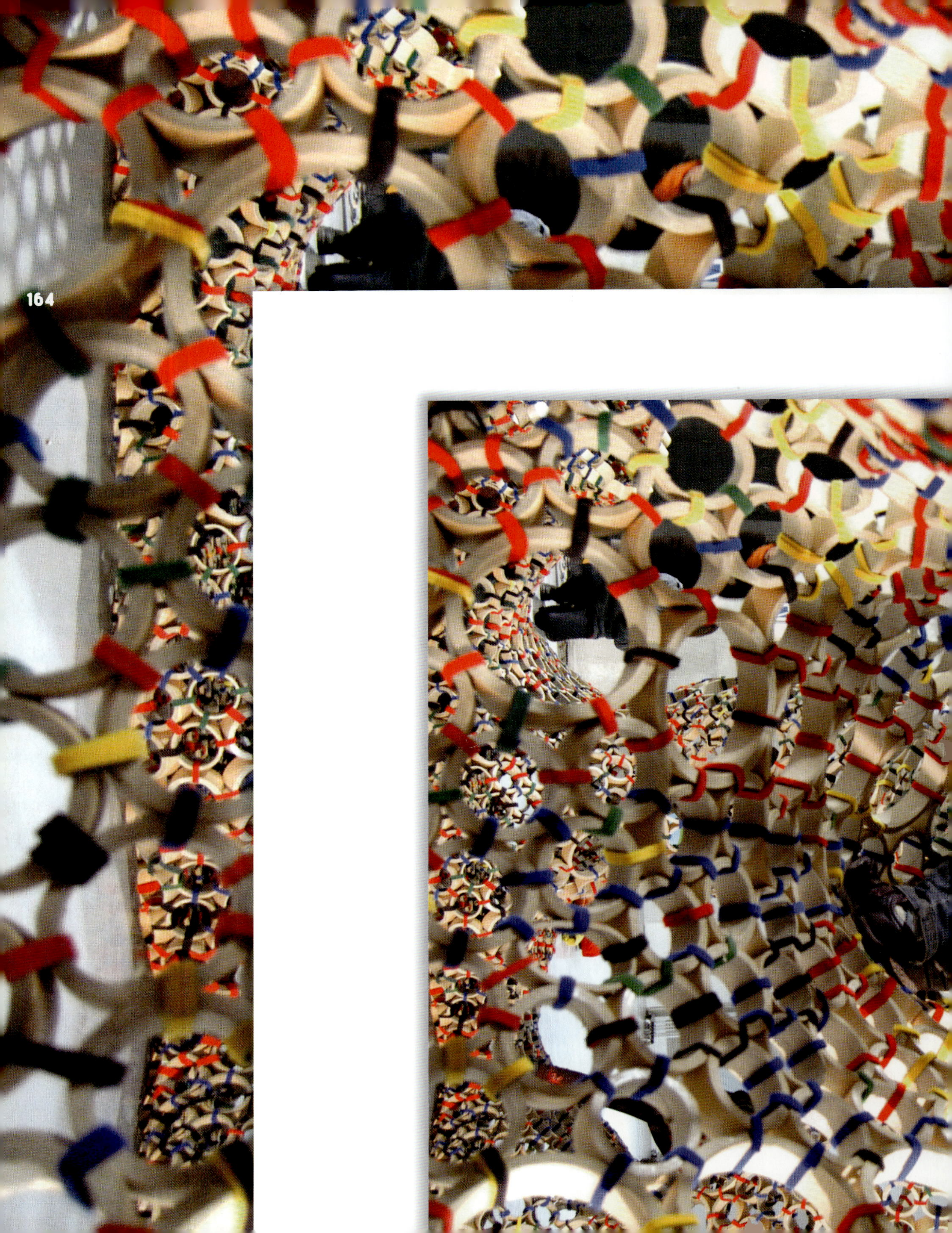

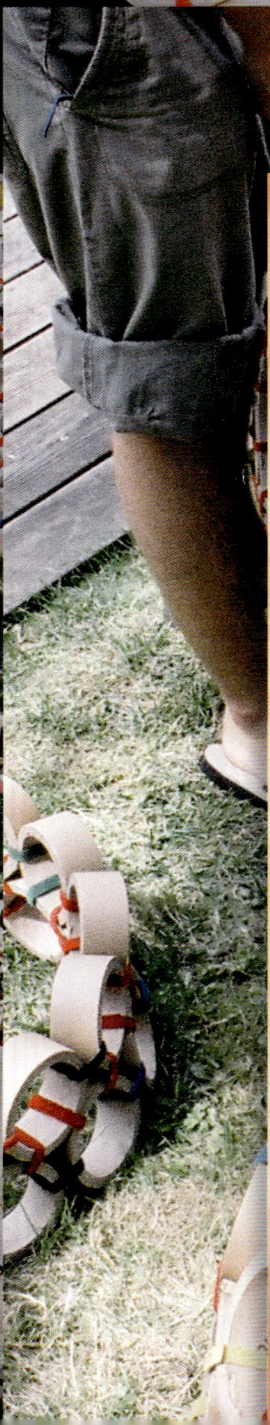

UNE BIBLIOTHÈQUE À HABITER

MALO MANGIN, ROMY DESSEAUX, VANESSA KIFFER ET CYRIL SCHMITT /
UNIVERSITÉ DE STRASBOURG /

Nous avons choisi de reconsidérer et favoriser l'instant de lecture de l'enfant en proposant une bulle de quiétude dédiée à cette activité. Nous avons conçu un module qui peut être répété, renversé, assemblé, offrant la possibilité de disposer de configurations spatiales différentes avec une structure modulable et réversible.

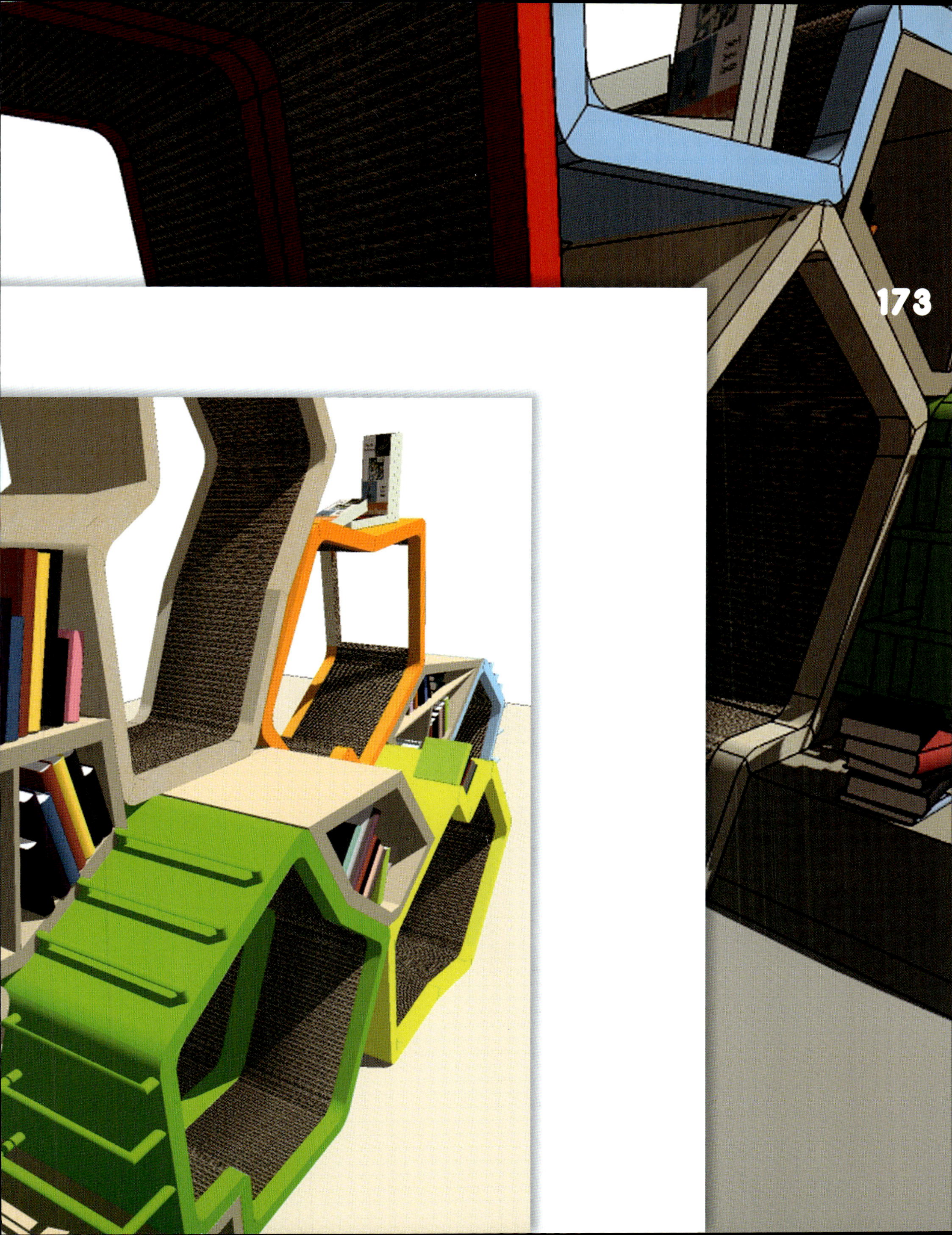

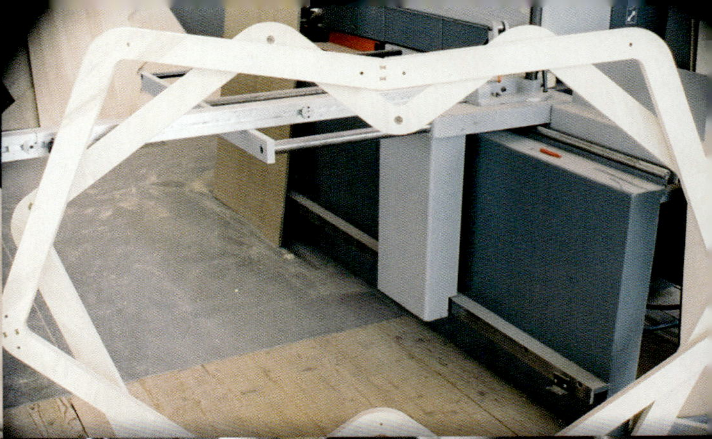

L'ETOILE MYSTERIEUSE

The Cubic Paradise permet au petit de créer son espace de liberté avec ses propres intentions, ses vœux et ses désirs. L'idée est d'avoir des modules faciles à imbriquer et à disposer comme éléments dans la chambre.

THE CUBIC PARADISE

IBTIHEL BOUZAYENI ET WAJDI ROUIS /
ÉCOLE D'ARCHITECTURE ET D'URBANISME DE TUNIS, E.N.A.U /

Deux bandes multicolores, recto verso, malléables, pliables dans tous les sens, souples et légères, faciles à déplacer et à soulever par un enfant, se glissent dans cours et jardins.

SERPENT
HICHEM DJMAIEL /
E.N.A.U., ÉCOLE D'ARCHITECTURE ET D'URBANISME DE TUNIS /

Tel un prince volant au secours de sa bien-aimée, l'enfant traverse la forêt pour délivrer sa princesse. Au cours de son parcours, il aura la joie de profiter des couleurs des saisons, telles que le printemps et l'automne, et même d'un parcours pendant la nuit.

PRIX SPÉCIAL DU JURY
SFAX

PARCOURS DU PRINCE

HANÈNE MAHJOUB /
E.N.A.U., ÉCOLE D'ARCHITECTURE ET D'URBANISME DE TUNIS /

Notre questionnement sur le passage nous conduit à repenser la porte, pour en proposer une version hors norme dans laquelle l'enfant réinvente constamment le mode de passage grâce à des ouvertures multiples. Notre approche séquence le processus d'approche vers la porte et le passage lui-même. Passer la porte devient alors entrouvrir, grimper, escalader, se faufiler, esquiver, basculer...

SÉSAME, TRANSFORME-TOI
FLORENT JEANNY ET EMMANUEL BOSSANNE /
LYCÉE LA MARTINIÈRE-DIDEROT DE LYON /

Contraction des mots Livre et arBRE, le Li-BRE est une installation qui associe la lecture au jeu autour de l'imaginaire de l'arbre. Avant même de savoir lire, l'enfant interprète les images. Le Li-BRE met en scène la couverture du livre qui se transforme en un matériau mobile, vivant. Grâce à un système de fixation inédit, le livre devient une des pièces d'un jeu où l'enfant doit tirer, insérer, suspendre.

LE LI-BRE

VALENTINE JAMET ET THOMAS FRANÇOIS /
ÉCOLE NATIONALE SUPÉRIEURE D'ARCHITECTURE DE BRETAGNE, ENSAB /

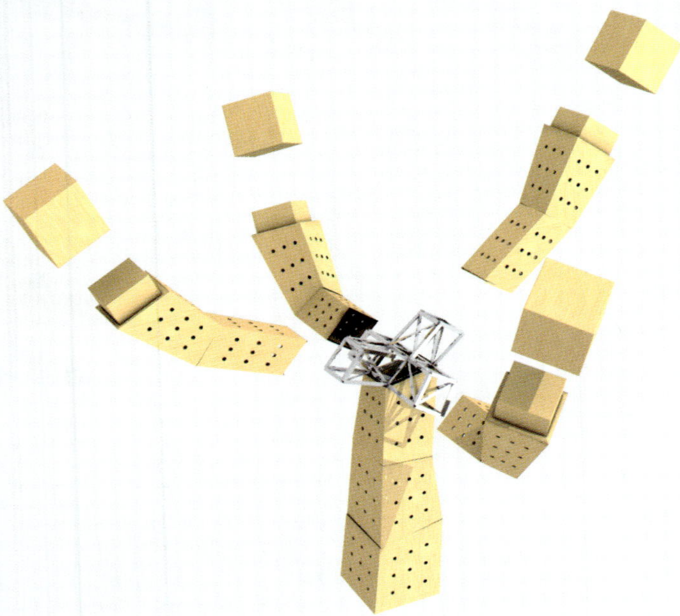

Devenir héros : chevalier, roi de la jungle ou pilote de voiture dans un livre pop up, aux pages extra larges, support de scènes d'aventures géantes.

POPUP XL

THOMAS VAN GAVER ET FANNY CAMERLO /
ÉCOLE NATIONALE SUPÉRIEURE D'ARTS ET MÉTIERS – ENSAM

LE CHATEAU

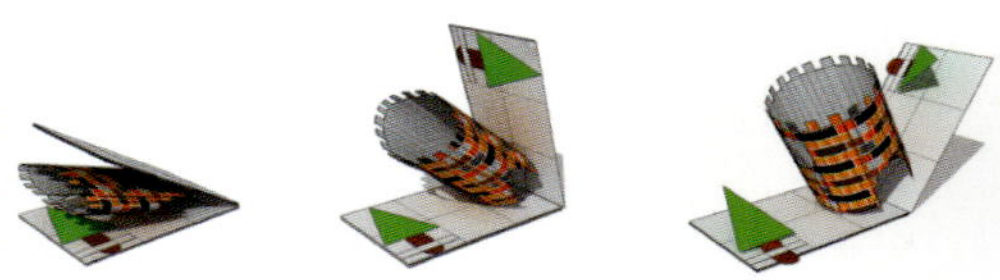

LA MARELLE

LE CIRCUIT

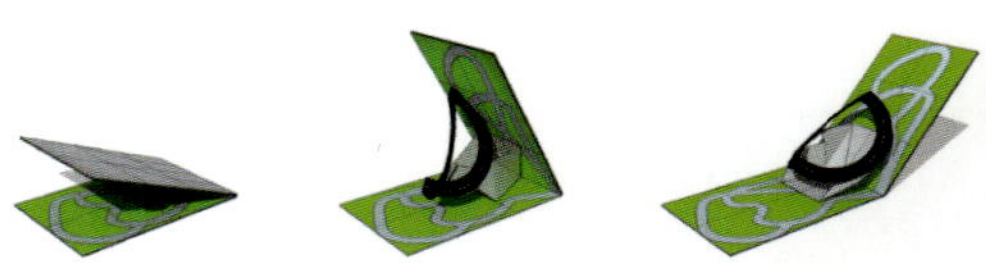

SE DÉGUISER

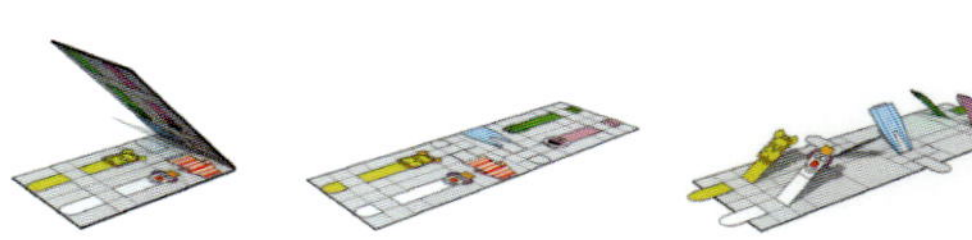

Un jardin pédagogique à poser sur bitume gris, en palette de bois moulé et recyclé pour se métamorphoser en parterre de fleurs ou potager.

LES PETITES MAINS VERTES

ANNE-SOPHIE BOU ET MARC CASAROMANI /
L'INSTITUT SUPÉRIEUR DES ARTS APPLIQUÉS - PARIS, LISAA /

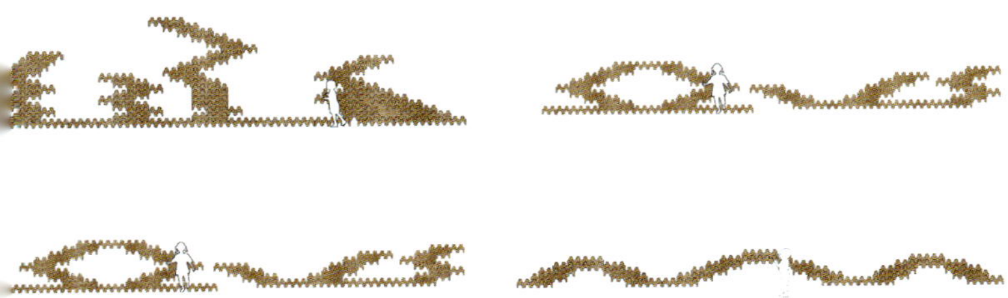

Machine à son, poétique, partant de phonophones, sonotones et phonographes en carton, papier et bois pour concert de musique actuelle.

PHONOFLORES

MORGANE LECOUVEY /
INSTITUT SUPÉRIEUR DES ARTS APPLIQUÉS, PARIS, LISAA /

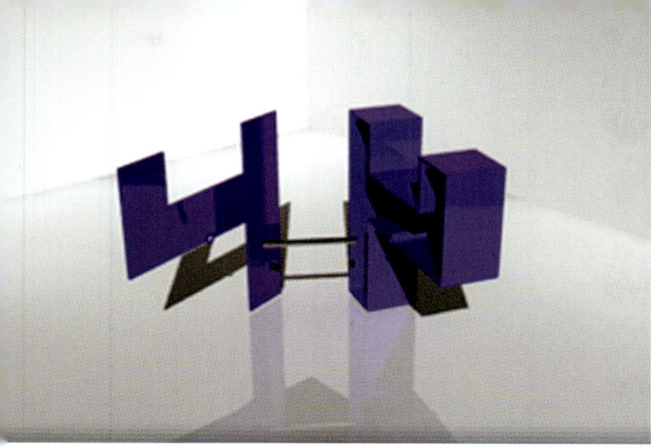

10 modules sur un axe central qui pivote, pour se créer des cachettes multiples dans une ambiance bleu Klein.

ARCHIKIDS

ARTHUR LABLANCHY /
INSTITUT SUPÉRIEUR DES ARTS APPLIQUÉS, PARIS, LISAA /

Pile de papier à déchirer pour créer un paysage graphique coloré sans cesse changeant.

FOLIE PASSAGÈRE

ALEXANDRE DESNOUE /
INSTITUT SUPÉRIEUR DES ARTS APPLIQUÉS, PARIS, LISAA /

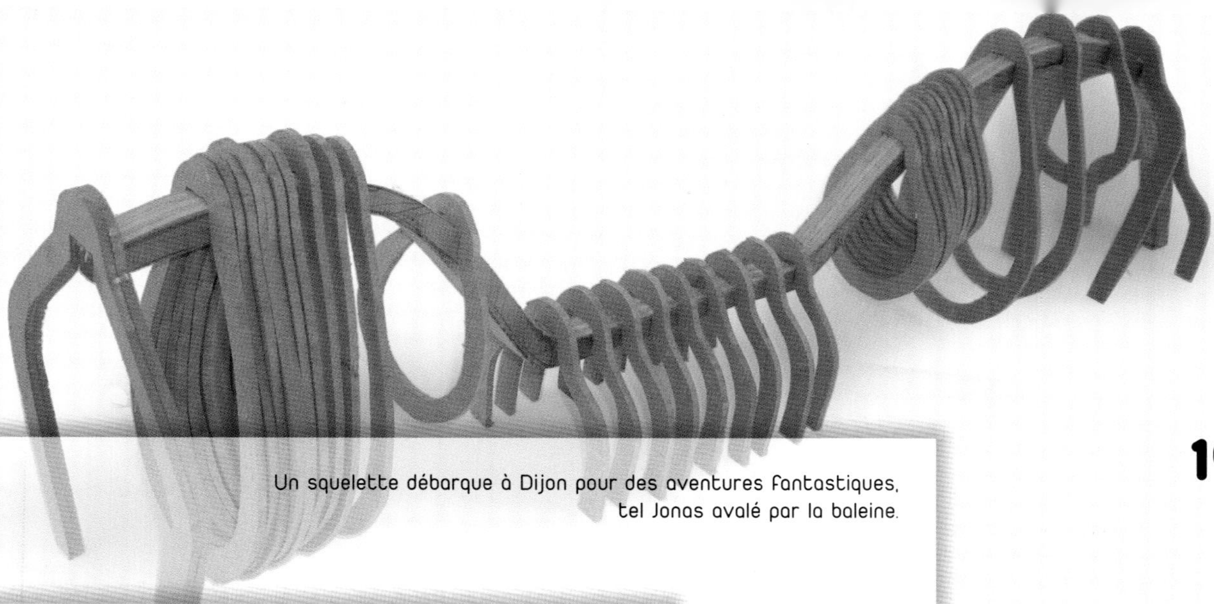

Un squelette débarque à Dijon pour des aventures fantastiques,
tel Jonas avalé par la baleine.

BALEINE
VALENTINE HARMAND /
ÉCOLE NATIONALE SUPÉRIEURE
D'ARCHITECTURE DE DIJON

Inspiré d'un livre en relief, d'un accordéon et d'une roulotte, un espace à déplier pour de nombreuses fêtes enchantées.

MA PETITE GUINGUETTE À ROULETTES !

CÉCILE BLEUX, NICOLAS GRANDO ET ANNE-MARIELLE DURAND /
ÉCOLE NATIONALE SUPÉRIEURE D'ARCHITECTURE PARIS-VAL DE SEINE /

Comme un dé jeté, chaque face a sa fonction, et peut se transformer facilement puisque rétractable.

ACCOR-D-ON

CHRISTOPHE BARBAUX ET STÉFANE GOUX /
ÉCOLE D'ARCHITECTURE DE LA VILLE & DES TERRITOIRES À MARNE-LA-VALLÉE (EATV) /

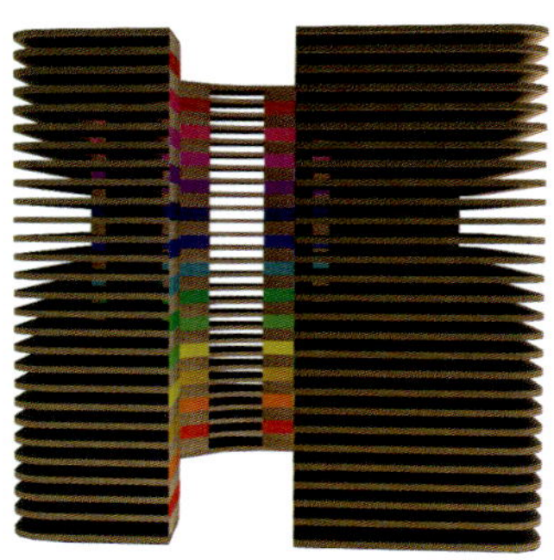

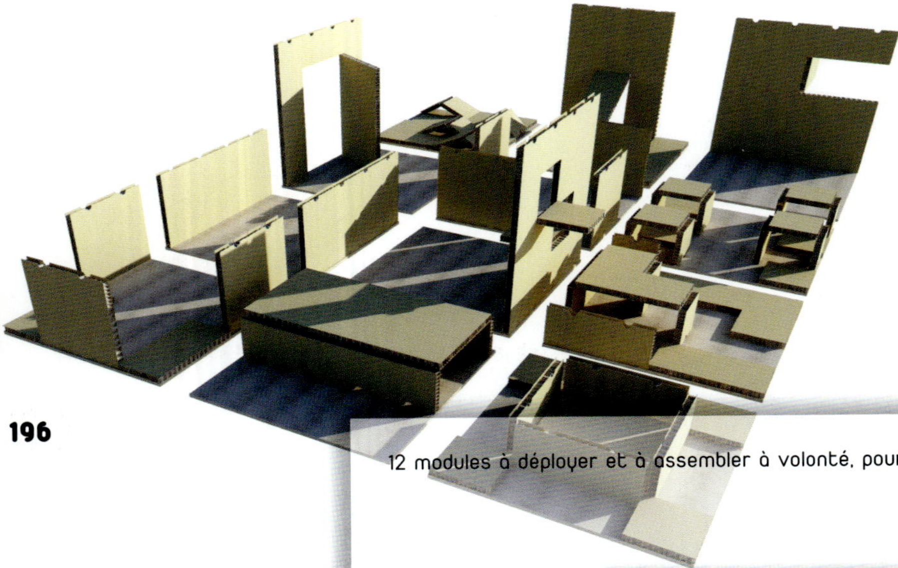

12 modules à déployer et à assembler à volonté, pour créer son appartement sur mesure.

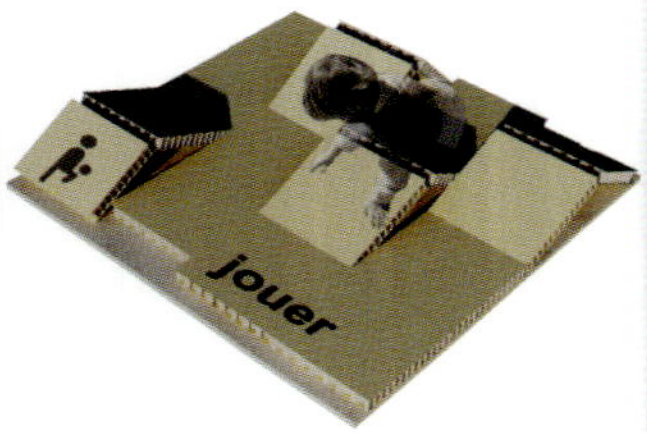

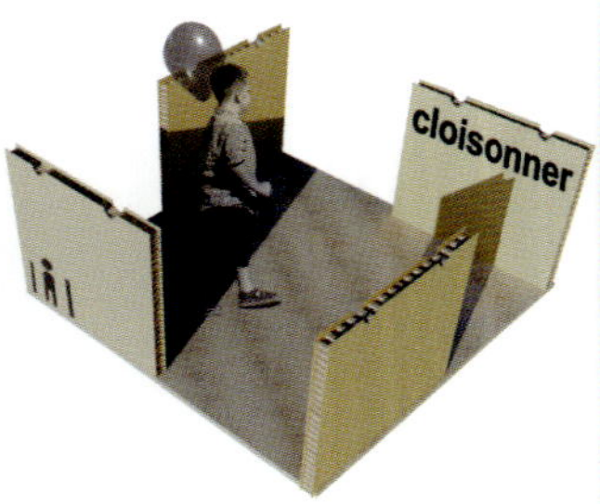

PETIT HOME

MIRAN JO ET LOUIS BAUCHET /
ÉCOLE NATIONALE SUPÉRIEURE D'ARCHITECTURE DE LYON /

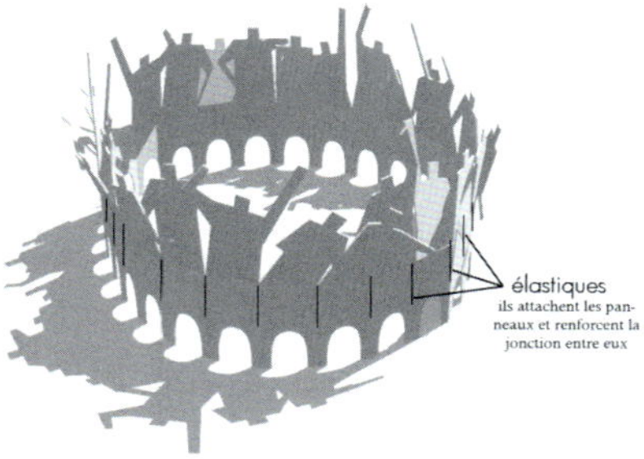

jonction des panneaux avec élastiques

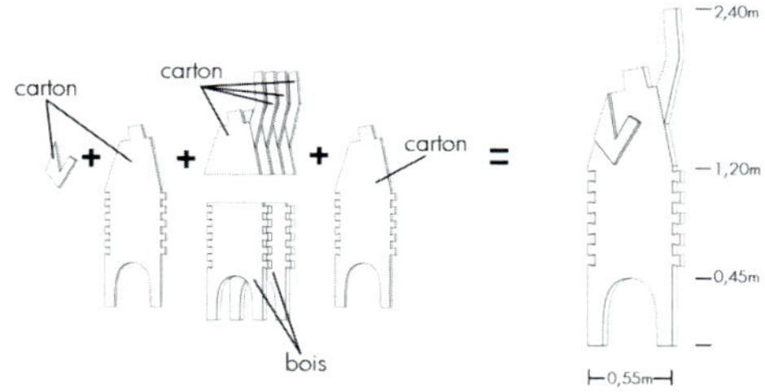

assemblage des éléments carton et bois

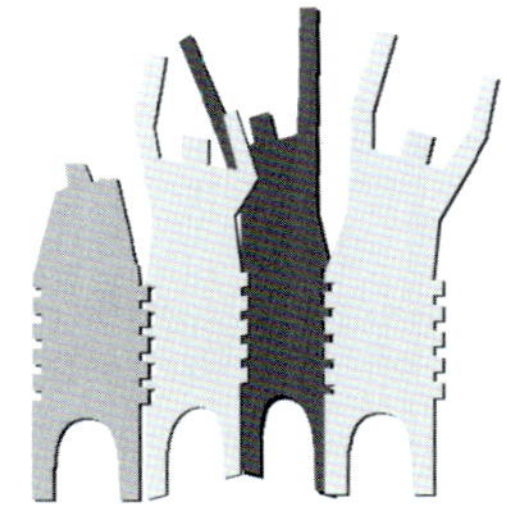

montage des panneaux

Arène des colosses qui protège un espace collectif, pour les savoirs par l'apprentissage, pour peindre, faire des fêtes ou des spectacles.

MYTHO

KUNIHIKO TAKANO /
ÉCOLE NATIONALE SUPÉRIEURE D'ARCHITECTURE DE PARIS LA VILLETTE /

Chaque espace cube devient un espace de jeux et une fois terminé, il s'emboîte avec les autres, comme une Matriochka.

UNE CHAMBRE - DES CHAMBRES

PAULINE DALMAZ ET CLÉMENTINE FRANCERIES /
INSTITUT NATIONAL DES SCIENCES APPLIQUÉES (INSA) DE LYON /

Caché dans un recoin de ville, cet espace aux formes de vague, de courbes douces et de plancher vertige, fait de récupération de lattes de sommiers et de palettes de bois, devient terrain d'aventures.

JUNK CRAFT

UTILISATION TEMPORAIRE DES ESPACES REBUTS

ALEC BOIVIN, CLAIRE MÉLOT, CLÉMENCE MAHÉ, PIIA TAMMINEN ET CAMILLE BONNASSIES /
ÉCOLE NATIONALE SUPÉRIEURE D'ARCHITECTURE DE NANTES /

Cet espace tortueux cherche à s'opposer à la ville. Contrôlé et réalisé à partir d'un tas de bois, il se glisse dans une rue piétonne pour se perdre et offrir des recoins de liberté.

PRIX SPÉCIAL 93 THÉÂTRE GÉRARD PHILIPE

PROMENONS-NOUS DANS LES BOIS

CLAIRE MOTHAIS, LUCIE BELLIARD, VIRGINIA CREATINI ET FRANÇOIS LE COADIC /
ÉCOLE NATIONALE SUPÉRIEURE D'ARCHITECTURE DE NANTES /

Construire son univers à partir de triangles et l'investir comme bon nous semble.

YOODOO

FRANÇOIS HURTAUD ET ALEXANDRE AVRANCHES /
ÉCOLE DE DESIGN DE NANTES ATLANTIQUE /

Comme un nid d'écureuil dans un trou d'arbre, les enfants viennent s'y amuser.

NID D'ENFANT

HYUNJUN PARK /
BELLECOUR ÉCOLES D'ART ET D'INFOGRAPHIE 3D DE LYON /

Des volumes de 1,20 m par 1,20 m réalisés avec 30 plaques de carton d'une forme prédécoupée, que l'enfant évide pour créer son propre univers.

FAIS TON CARTOON

LLORENÇ BATLLE BOYER, FRANÇOIS BASTE, JULIE BENEGMOS ET BETTYNA ZADEH /
ÉCOLE NATIONALE SUPÉRIEURE D'ARCHITECTURE DE PARIS-BELLEVILLE /

Comptine à décomposer, une boîte qui peut se plier, se moduler, s'articuler, pivoter pour y gribouiller, s'y cacher, y rêver...

[DÉ]COMPOSÉ, LA BOÎTE 3 EN 1

MATHILDE ALLARD ET AMÉLIE RENEVIER /
CRÉAPOLE - ÉCOLE SUPÉRIEURE DES ARTS APPLIQUÉS, PARIS /

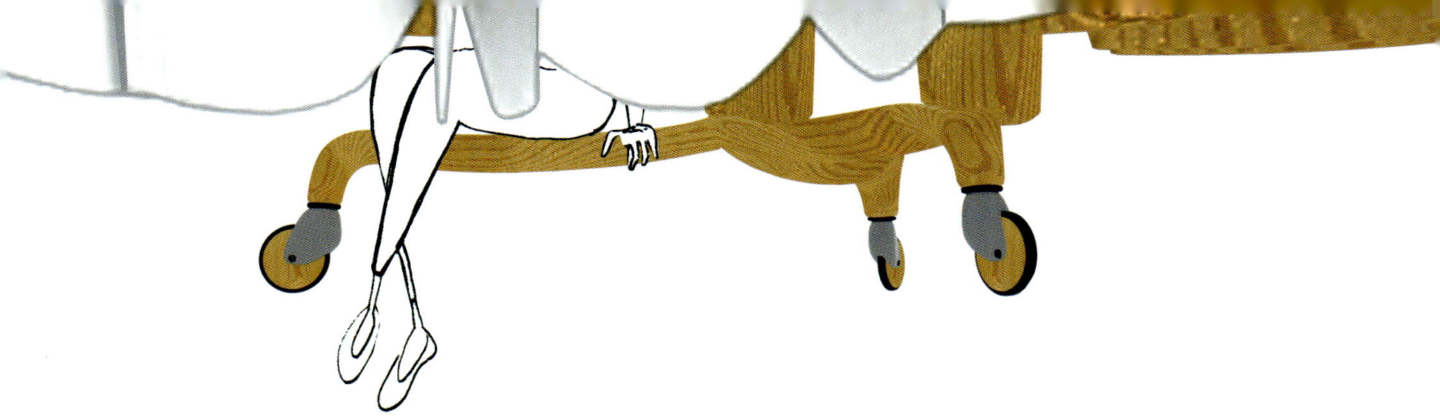

Un portant à vêtements revisité, habillé d'un ou de plusieurs modules reproduisant la silhouette d'une robe. Utilisable tel un vêtement, chacun des modules renferme une guirlande en papier pliable/dépliable pour dessiner.

mum

MARIE CAILLAUD /
ÉCOLE SUPÉRIEURE DES BEAUX-ARTS D'ANGERS /

Un jeu de construction de panneaux en carton prédécoupés, aux nombreuses fenêtres, pour inviter à regarder.

HAPPYCULTURE

EMILIE BRET ET LOÏC BRONNEC /
ÉCOLE NATIONALE SUPÉRIEURE D'ARCHITECTURE PARIS-VAL DE SEINE /

Un container contenant deux espaces à jouer modulables, l'un horizontal, l'autre vertical, pour ramper, s'isoler, sauter, grimper...

LA "CAS'A JOUETS [ER]"

AYMERIC ANTOINE ET PIERRE DUFOUR /
ÉCOLE NATIONALE SUPÉRIEURE D'ARCHITECTURE DE CLERMONT-FERRAND /

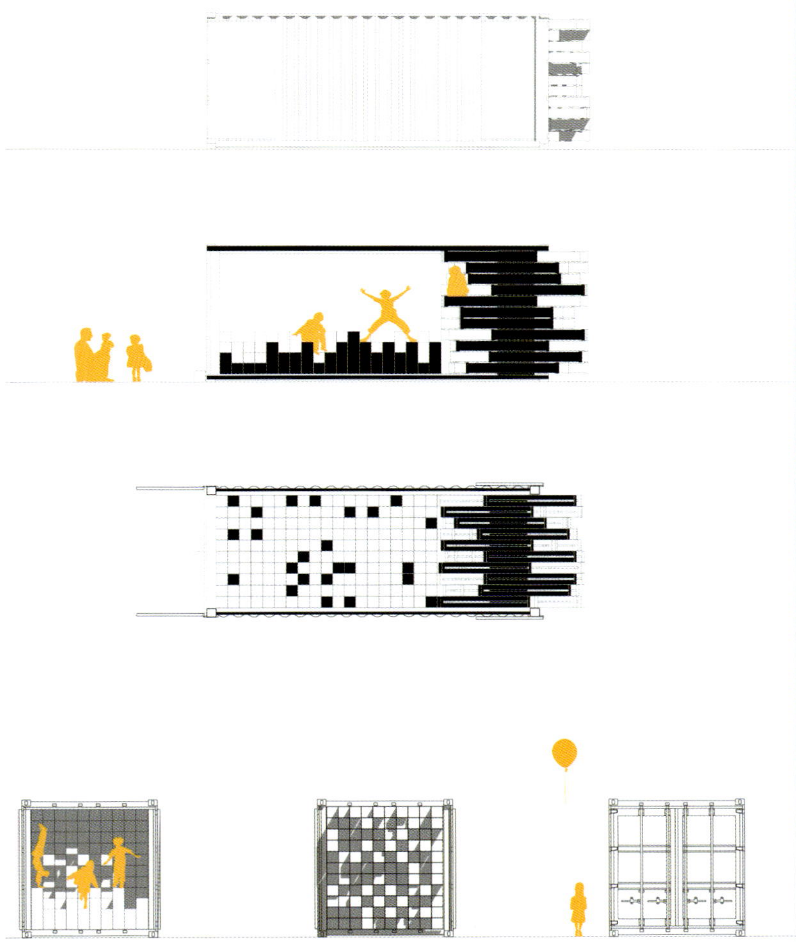

Jeu de construction et de cache-cache, à partir de 4 pièces en carton.

GAMECUBE

JACQUES PYZ, CAMILLE BAUVE, ELISE GAY, KEVIN DONNOT
ET PIERRE-EMMANUEL FIESCHI /
ÉCOLE D'ARCHITECTURE DE LA VILLE & DES TERRITOIRES À MARNE-LA-VALLÉE /

Sur un sol de palettes, une ville s'invente des tours bâties en annuaires, scénographie pour histoires urbaines.

BOTTINVILLE

THAÏS HEINTZ, ALICE VAILLANT ET HÉLÈNE CORDIER /
ÉCOLE NATIONALE SUPÉRIEURE D'ARCHITECTURE DE PARIS-BELLEVILLE /

Une arène entourée de gradins – un jardin à végétaliser pour manifestation urbaine.

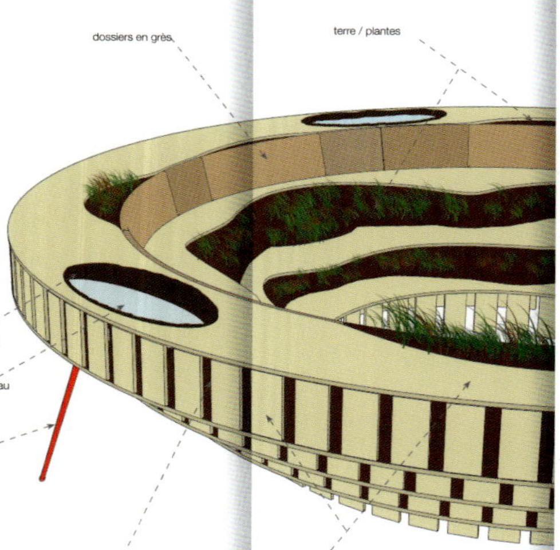

« O »

GEOFFROY GILLANT ET CLARA-LOU NADEL /
ÉCOLE SUPÉRIEURE D'ART ET DE DESIGN DE REIMS /

PRIX SPÉCIAL 93 THÉÂTRE GÉRARD PHILIPE

Un tapis de jeux horizontal et plat qui se déploie en 3 dimensions pour table de pique-nique et de jeux insolites.

IMAGINE-MOI

PAULINE GUÉRIN, GÉRALDINE THOMAS ET ALICE DROUGARD /
ÉCOLE DE DESIGN NANTES ATLANTIQUE /

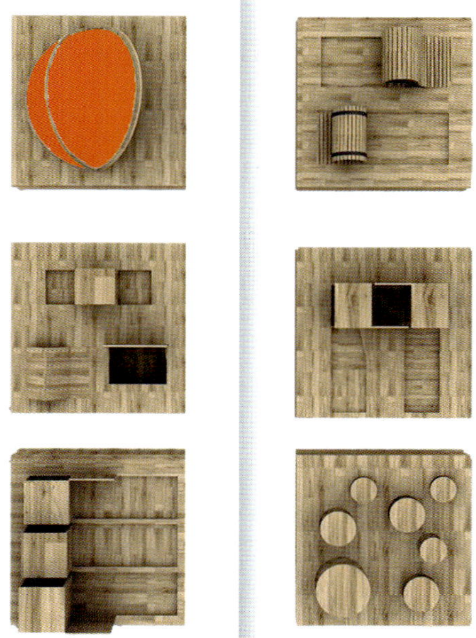

Une trace minimale d'une maison et une ruche à observer servent de décors pour tout inventer.

ENTRE LES LIGNES...

JULIE NEVEU, YVONNE KWOK, CAROLE MAITRE ET EMILIE REMOND /
EFET, ÉCOLE DE COMMUNICATION VISUELLE, PARIS /

Un module en bois évidé qui, lorsqu'il bascule, devient table basse de jeu, coin pour rêver ou bouder ou table d'écolier.

BOX 4

GIOVANNI DI GIUSEPPE /
ÉCOLE NATIONALE SUPÉRIEURE D'ARCHITECTURE DE NANCY /

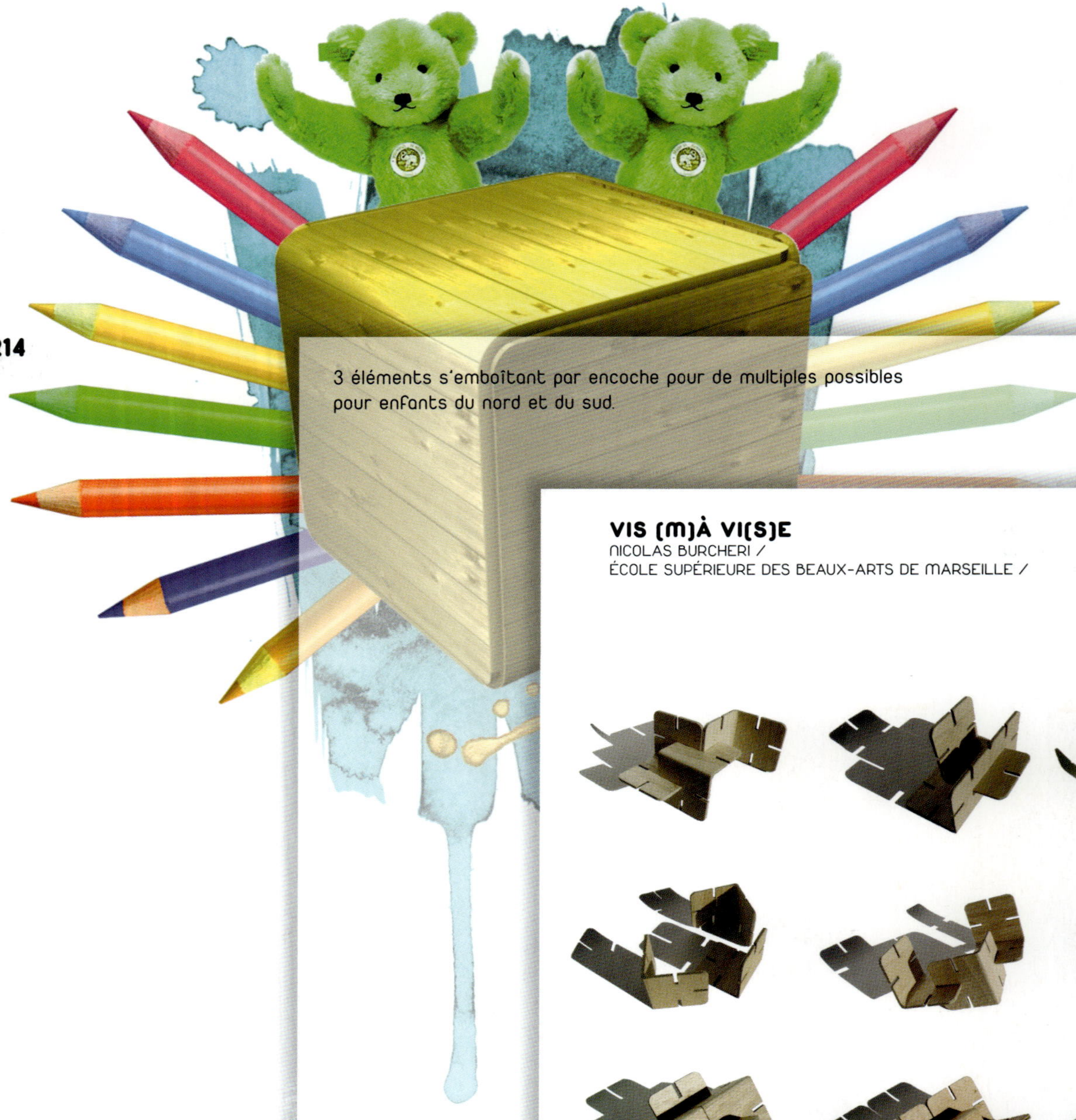

3 éléments s'emboîtant par encoche pour de multiples possibles
pour enfants du nord et du sud.

VIS (M)À VI(S)E

NICOLAS BURCHERI /
ÉCOLE SUPÉRIEURE DES BEAUX-ARTS DE MARSEILLE /

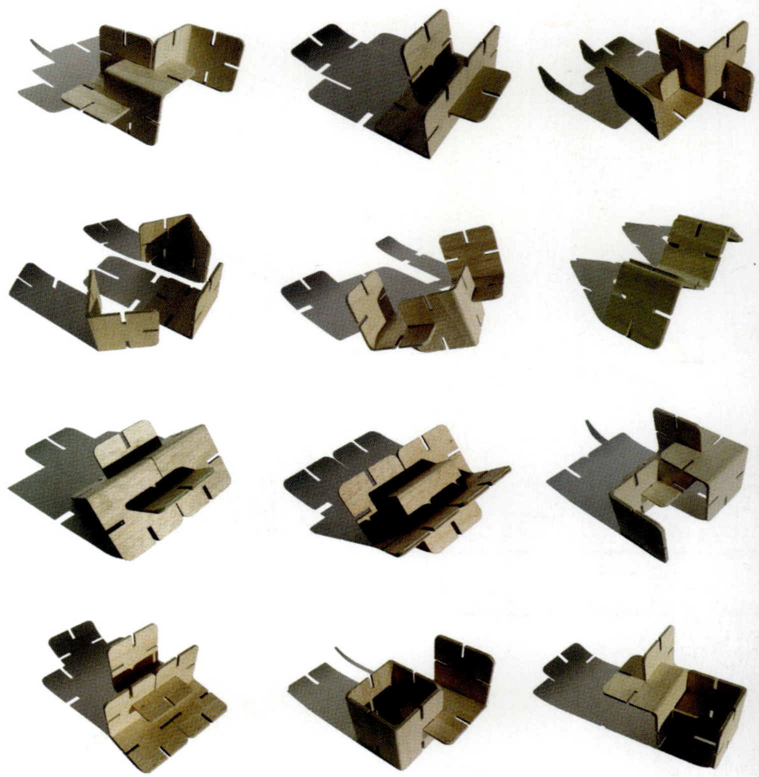

Une bibliothèque se dilate pour créer un espace de partage
des jouets, livres et secrets.

ANOTHER KID IN THE WALL

MARTIAL MARQUET ET CHARLES MARMION /
ÉCOLE SPÉCIALE D'ARCHITECTURE /

Jongler avec les échelles de manière inattendue pour créer des espaces adaptés aux envies des petits.

SESAME, OUVRE-TOI !

ROMAIN GROUSELLE ET MAXIMILIEN LAFOND /
ÉCOLE NATIONALE SUPÉRIEURE D'ARCHITECTURE DE LYON /

Une structure tridimensionnelle en bois et filet pour se poser.

FLE-XXS-IBLE

SOLÈNE MONDOLONI ET CAROLINE PITROU /
ÉCOLE NATIONALE SUPÉRIEURE D'ARCHITECTURE DE VERSAILLES /

Chacun y voit ce qu'il veut, un mini-cinéma, un vaisseau spatial, une drôle de bestiole... à habiter.

K'RAPAS

MAEVA SCHAAL ET JULIEN SAINT-MAXIN /
ÉCOLE NATIONALE SUPÉRIEURE D'ARCHITECTURE DE STRASBOURG (ENSAS) /

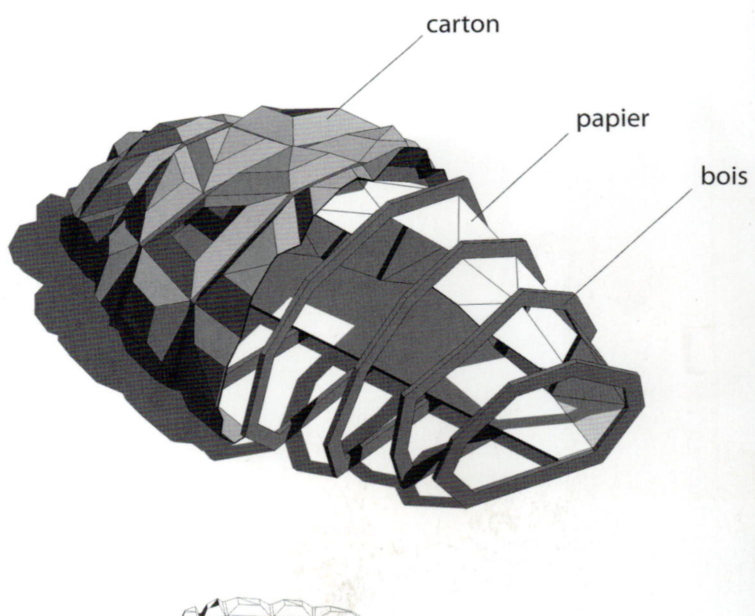

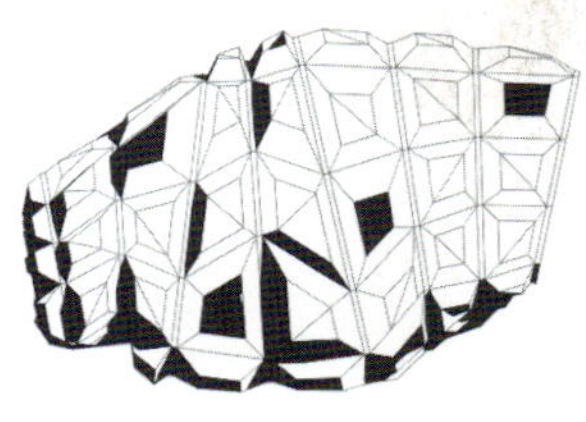

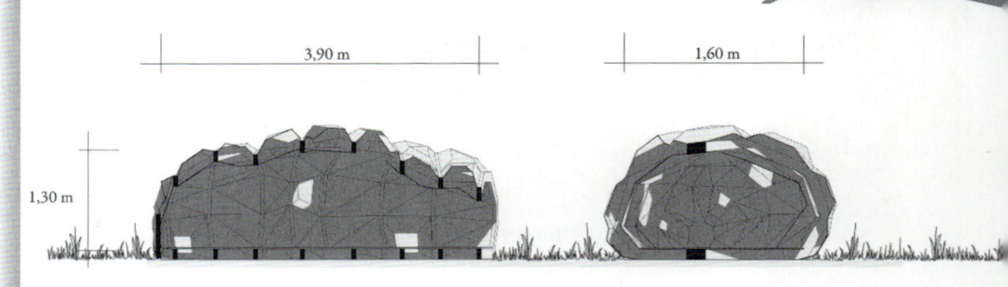

Un paysage mystérieux en cellophane à s'approprier.

POUR VOS CHÉRUBINS

VIRGINIE PRIÉ, CHRISTELLE GAUTREAU ET GUILLAUME TRIPOTEAU /
ÉCOLE NATIONALE SUPÉRIEURE D'ARCHITECTURE DE PARIS LA VILLETTE /

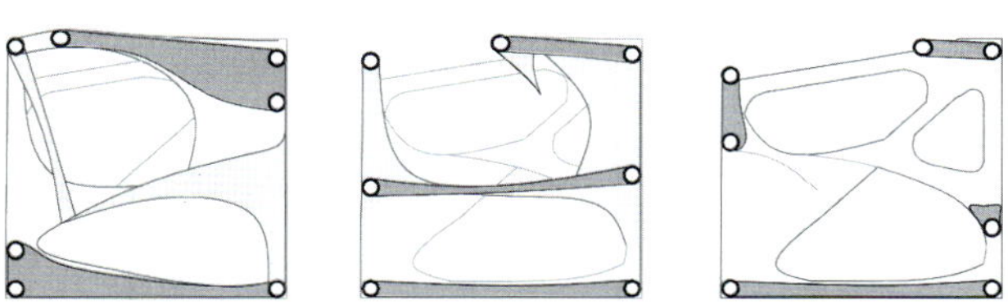

À l'abri des oreilles curieuses et des regards indiscrets des parents, ce labyrinthe aux portes dérobées et aux couloirs enchevêtrés protège nos sacrés coquins.

LABYRINTHE

APOLLINE FLUCK /
ÉCOLE SUPÉRIEURE D'ART ET DE DESIGN SAINT ÉTIENNE /

La troupe du grand livre vous invite à la représentation extraordinaire du Petit Chaperon rouge, et il vous offre au fil des pages de nouveaux décors pour de nouvelles représentations.

LE GRAND LIVRE À PESTACLES

MARIE-LAURE CAZES, EMELINE PACREAU, MARC BOURDIER ET HÉLÈNE COUSSEAU /
ÉCOLE NATIONALE SUPÉRIEURE D'ARCHITECTURE PARIS-VAL DE SEINE /

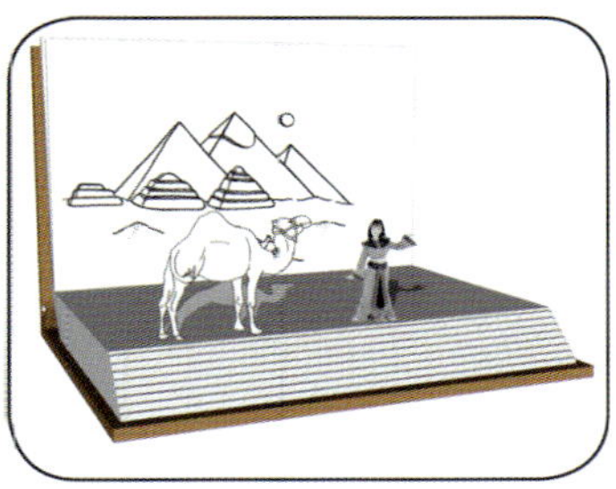

Des panneaux en carton prédécoupés qui, par un système
d'attache basique – les scratch –, construisent des mondes variés.

SCRATCH & BUILD !
CHARLES GAUTHIER /
ESBAM, ÉCOLE SUPÉRIEURE DES BEAUX-ARTS DE MARSEILLE /

Un territoire moderne à fabriquer à partir d'un module blanc minimaliste, pour créer tous les paysages possibles.

N-ICE CUBE

AURORE YTHIER, ÉCOLE NATIONALE SUPÉRIEURE DES ARTS DÉCORATIFS /

Un livre comme un coffre trésor, à chaque page un univers pour devenir marionnettiste, peintre ou comédien.

L'HISTOIRE DES 1000 ET 1 FEUILLES

MARIE DE LAPORTALIÈRE, JULIEN HOSANSKY, CONSTANCE HÉAU, MARTIN LEBOURGEOIS ET AURE DELAROIÈRE /
ÉCOLE SPÉCIALE D'ARCHITECTURE /

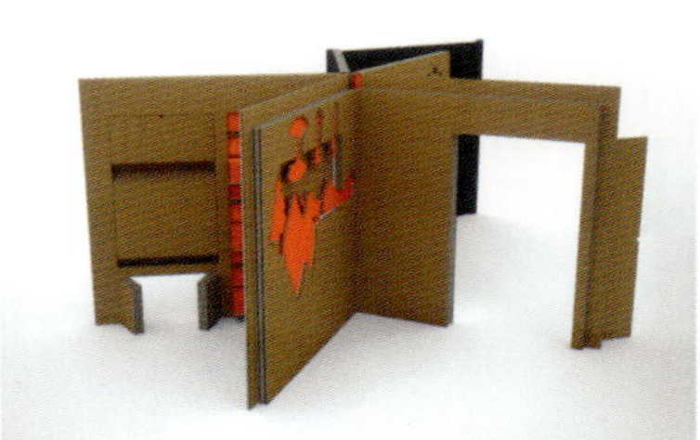

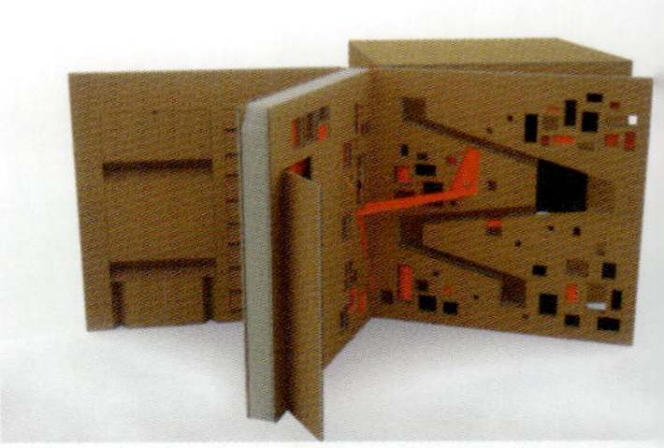

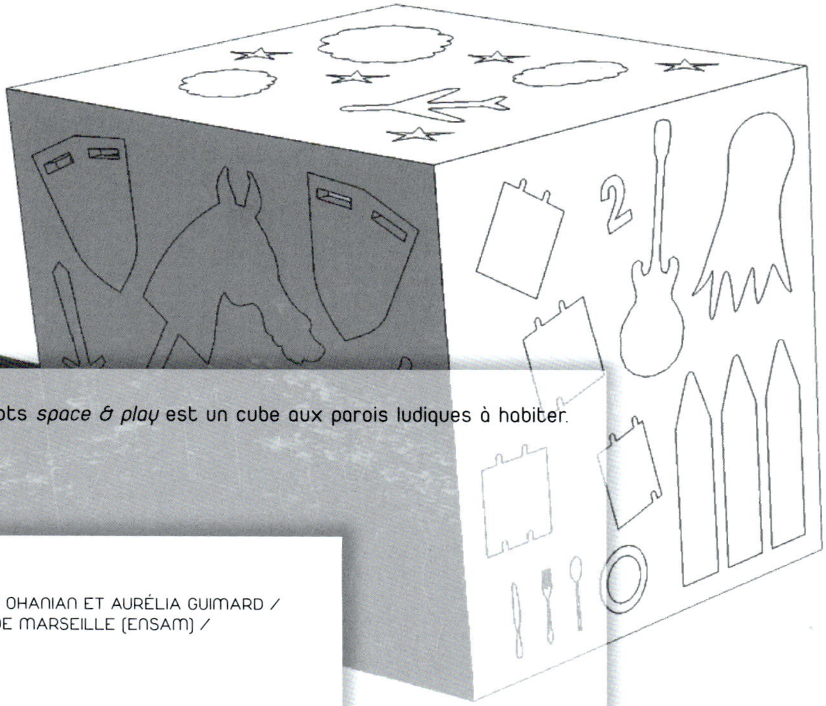

Cette combinaison des mots *space & play* est un cube aux parois ludiques à habiter.

SPLAYCE

GABRIEL BENARROUS, REGIS ROUDIL, HAROUTYOUN OHANIAN ET AURÉLIA GUIMARD /
ÉCOLE NATIONALE SUPÉRIEURE D'ARCHITECTURE DE MARSEILLE (ENSAM) /

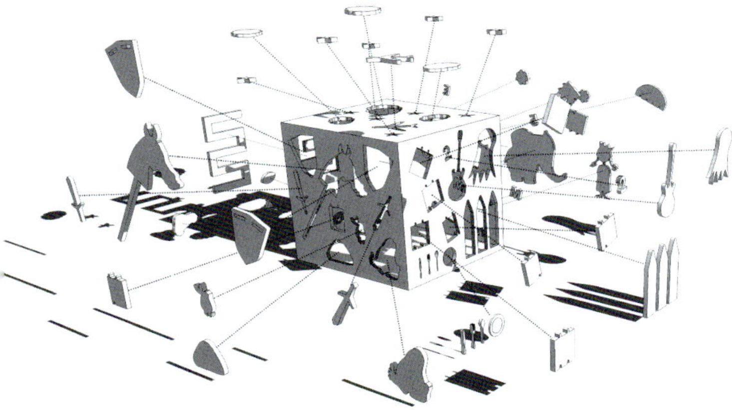

Forme biodynamique à découvrir par ses sens et à travers les textures.

ESPACE NOMADE POUR ENFANTS MAL VOYANTS

TAOUJOUTI MOUNA ET BOUZOMITA INTISSAR /
ÉCOLE D'ARCHITECTURE ET D'URBANISME DE TUNIS – ENAU /

Un coin de mer avec pieuvre géante, nuages et vagues :
scène d'une aventure à vivre.

COTTON SURFER

GHARBI ZOUHAYER /
INSTITUT SUPÉRIEUR DES BEAUX-ARTS DE TUNIS - ISBAT /

Un tipi à poser pour s'isoler ou chercher un coin d'ombre.

PLI-HOUSE

HATTAB ZIED /
ÉCOLE D'ARCHITECTURE ET D'URBANISME DE TUNIS – ENAU /

Un dérouleur géant à habiter et une feuille à dessiner à l'infini.

DRAW N'ROLL

BEN KHALIFA MAHE ET BESBES AHMED /
INSTITUT SUPÉRIEUR DES BEAUX-ARTS DE TUNIS - ISBAT /

Un parc pour enfant en panneau puzzle à combiner et à jouer en tridimension.

LE PARC AUTREMENT

RIHAB THABET, RIHAB RAHMANI ET DAGHROUR MEHDI /
INSTITUT SUPÉRIEUR DES BEAUX ARTS DE TUNIS - ISBAT /

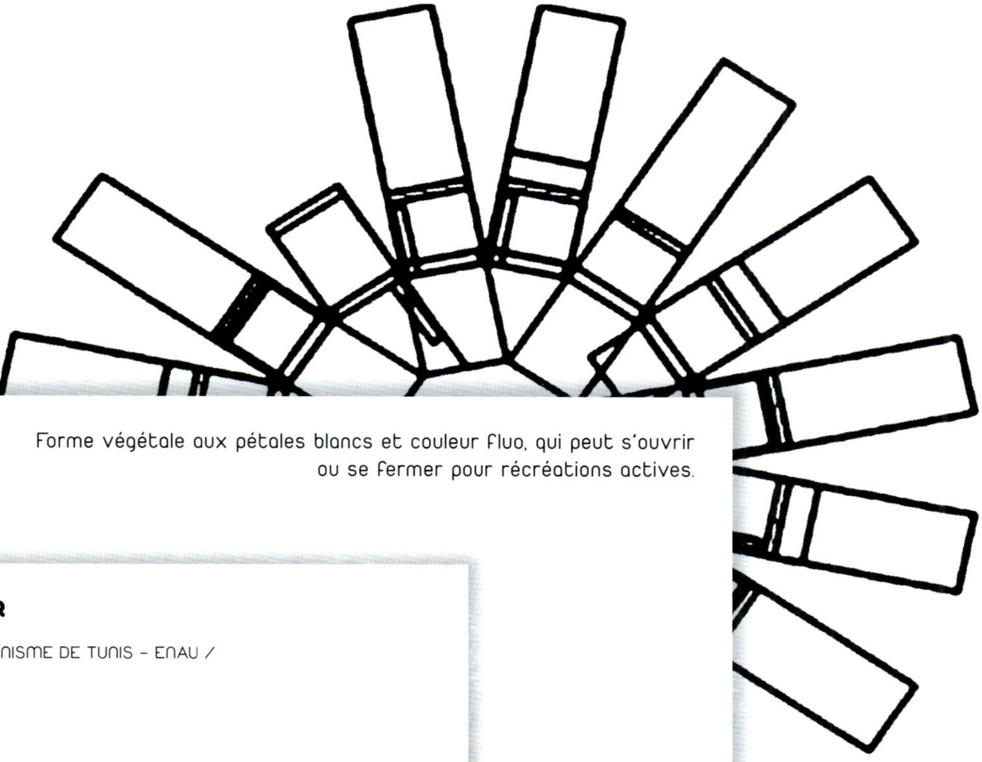

Forme végétale aux pétales blancs et couleur fluo, qui peut s'ouvrir ou se fermer pour récréations actives.

TOURNESOL DU PLAISIR

COUIRA ABDERRAHMEN /
ÉCOLE D'ARCHITECTURE ET D'URBANISME DE TUNIS – ENAU /

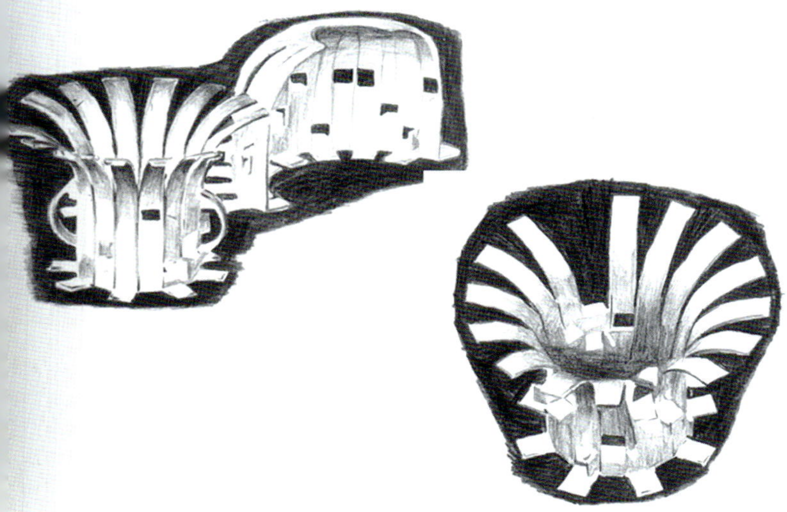

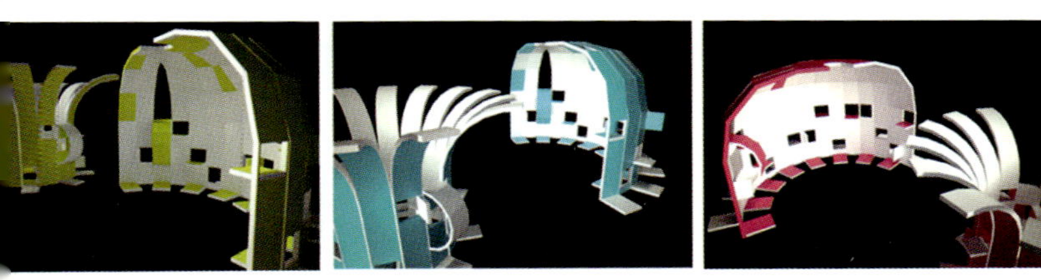

Un cube à déplier pour dessiner, colorier et élargir son cercle de savoir.

THE MAGIC CUBE GULLI

FELLAH SAÏMA /
ÉCOLE D'ARCHITECTURE ET D'URBANISME DE TUNIS - ENAU /

Une fleur surplombée d'un papillon pour patauger,
se balancer ou se cacher.

JARDIN DES PAPILLONS

DACHRAOUI SOUHIR ET CHIKHAOUI RAHMA /
INSTITUT SUPÉRIEUR DES BEAUX ARTS DE TUNIS - ISBAT /

Un espace en carton appropriable à déplier, à crobarder...

LE CUBE MAGIQUE

HENTATI KHALIL /
ÉCOLE D'ARCHITECTURE ET D'URBANISME DE TUNIS - ENAU /

Castelet pop : clin d'œil à Kermit du Muppet show !

GROUPLI

HAMDI DHOUHA /
ÉCOLE D'ARCHITECTURE ET D'URBANISME DE TUNIS – ENAU /

ANNEXES

Une production Cité de l'architecture & du patrimoine / Institut français d'architecture, en collaboration avec l'École supérieure du bois à Nantes.
Avec le soutien du ministère de la Culture et de la Communication / Direction générale des patrimoines, de l'Institut français de coopération de Tunis (Tunisie) et de l'ambassade de France à Tunis.

CITÉ DE L'ARCHITECTURE & DU PATRIMOINE

François de Mazières, président de la Cité de l'architecture & du patrimoine
Anne-Marie Le Guével, directrice générale déléguée
Francis Rambert, directeur de l'Institut français d'architecture (Ifa)

Commissariat

Fiona Meadows, responsable de programmes, Ifa

Production et coordination générale

Service production de l'Ifa
Myriam Feuchot, responsable du service
Jonathan Deledicq, régisseur général
Yan Gaillard, contrôleur de gestion
Agnès Herpin, coordinatrice de programmes
Avec Cindy Clech, stagiaire

Identité graphique

Graphisme : Sylvain Enguehard

Communication, Cité de l'architecture & du patrimoine

Cité de l'architecture & du patrimoine :
Jean-Marie Guinebert, directeur de la communication et des partenariats
Agostina Pinon, relations presse
École supérieure du bois à Nantes :
Monika Plöckl, responsable de communication et Marion Bertin, chargée de communication
Éditions Alternatives :
Charlotte Gallimard

Site internet

www.minimaousse.citechaillot.fr
Coordination : Agnès Herpin, coordinatrice de programmes (Ifa)
Conception graphique : Sylvain Enguehard
Réalisation : Christophe Histaesse

Projets lauréats, session 2009-2010

Le Nautilus, Youri Jedlinski et Ambre de Richemont
Tambour'image, Louise Oliveres
Another ground, Dere Gum et Karine Berger
Le Bonobo, Andreas Campagno, Charles Delcourt, Sophie Wittmann, Louise Naudin et Simon Jouen
Une Bibliothèque à Habiter, Malo Mangin, Romy Desseaux, Vanessa Kiffer et Cyril Schmitt
The Cubic Paradise, Ibtihel Bouzayeni et Wajdi Rouis (Tunisie)

Production des prototypes

Les ateliers se sont déroulés à l'École supérieure du bois à Nantes en deux phases, les 29 et 30 avril et du 24 juin au 9 juillet 2010.

Réalisation

École supérieure du bois à Nantes
Arnaud Godevin, directeur
Véronique Gaudin, assistante de direction
Marion Bertin, chargée de communication

Encadrement

Pour l'École supérieure du bois à Nantes :
Domingo Martin, responsable d'atelier,
Jean Max Mamet, enseignant chercheur,
Gildas Vaugrenard, ingénieur recherche
Pour l'Ifa :
Fiona Meadows et Cindy Clech
Dominique Delaunay, photographe

Assistance

Yassine Ben Ayada, Vinciane Duchesne, Emilien Fillion, Mathieu Gruppe, Delphine Segalen (promo 76) et Anne Verdan, (promo 75)

Partenaires du projet « Le Bonobo »

Aplix The vision of fastening : www.aplix.com/fr
EM2 : www.em2.fr

La Cité de l'architecture & du patrimoine remercie particulièrement

Pour leur participation au concours Mini Maousse 4 :
Les 572 équipes inscrites et l'ensemble des écoles d'art, d'architecture, de paysage, de design et d'ingénierie ayant relayé ce concours.
Les lauréats de cette session : Youri Jedlinski et Ambre Richemont ; Louise Oliveres ; Dere Gum et Karine Berger ; Andreas Campagno, Charles Delcourt, Sophie Wittmann, Louise Naudin, Cyril Schmitt et Simon Jouen ; Malo Mangin, Romy Desseaux et Vanessa Kiffer ; Ibtihel Bouzayeni et Wajdi Rouis.

Pour leur participation au jury :
Marcel Rufo, pédopsychiatre, chef du service de pédopsychiatrie à l'hôpital Sainte-Marguerite, président du jury ; Michel Bertreux, architecte, Tetrarc ; Arnaud Bonnet, Pôle de compétitivité « Enfant » du Pôle enfants du Choletais ; Frédéric Michel Dales, directeur de DJECO ; Michel Bouisson, chargé des aides à la création et des relations écoles, Valorisation de l'innovation dans l'ameublement (VIA) ; Maryse Damiens, journaliste, *Enfant Magazine* ; Gilles de Bure, auteur ; Florence Doléac, designer ; Chantal Hamaide, directrice de la rédaction de *Intramuros* ; Alexander Von Vegesack, directeur du Vitra Design Museum, Arnaud Godevin, directeur de l'École supérieure du bois à Nantes ; Domingo Martin, responsable d'atelier de l'École supérieure du bois à Nantes ; François de Mazières, président de la Cité de l'architecture et du patrimoine ; Francis Rambert, directeur de l'Institut français d'architecture ; Myriam Feuchot, responsable production, IFA ; Fiona Meadows, responsable de programmes et commissaire du concours Mini Maousse.

Ainsi que les nombreux experts.

Pour leur collaboration et compétences :
Arnaud Godevin, directeur, Domingo Martin, responsable d'atelier, Véronique Gaudin, assistante de direction, École supérieure du bois à Nantes ; Laurence Haguenauer, directrice, Irène Bourse, attachée culturelle et Céline Savoye, chargée de mission, Institut français de coopération de Tunis (Tunisie) ; Pierre Ménat, ambassadeur, Ambassade de France à Tunis ; Olfa Méziou, directrice du département architecture, École nationale d'architecture et d'urbanisme de Tunisie.

Pour avoir exposé les résultats du concours :
Au théâtre Gérard-Philipe à Saint-Denis, dans le cadre du festival *Et moi alors ?* du 2 au 15 mai 2010 ; Christophe Rauck, directeur, Florence Guinard, secrétaire générale adjointe, José Ragueb et Abderezak Si-Mohamed, régisseurs bâtiment.

À la Maison régionale de l'architecture des Pays de la Loire, dans le cadre du festival *De côte à côte* du 5 juillet au 29 août 2010 aux Sables-d'Olonne, Gaëlle Péneau, présidente, Clarisse Crouïgneau, directrice, Adrien Maillard, chargé de développement et d'animations partenaires.

Pour leur contribution à l'exposition *Carton Plein ! 13 architectes à l'exercice de la cabane* :
Frédéric Michel-Dalès, directeur et Marion Fau, responsable développement de produits, Djeco, mécène de l'exposition ;
Sébastien Morin, Smurfit kappa, partenaire de compétences de l'exposition ;
Karim Ben Amor ; Ophélie Bertout et Marcus Kistner ; Patrick Bouchain ; Collectif 3rs/ar(t)chitectes ; Encore Heureux ; Hamonic et Masson ; Samir et Monia Makhlouf ; Stéphane Maupin ; Michèle Orliac et Miquel Batlle ; Dominique Perrault ; Matthieu Poitevin ; Rudy Ricciotti ; Memia Taktak, les 13 « architectes à l'exercice de la cabane ».

ArchiWaste
Team Principal (Archiwaste, Koge) : Ruebe Maleczek, Guillaumme Bounoure, Chloe Geneveaux, Eda Schaur
Structural engeneer : Conrad Brinkmeier (Holzbaulehrstuhl)
Étudiants : Michael Kirchmair, Phillip Schwab, Martina Gfall, Julius Seidl-Brodmann, Maria Falkensammer, Lara Briz, Olli Metso, Maria Gonzales, Patrick Dematio, Florian Holzknecht, Michael Nicolussi, Roland Meraner, Ana Mutaner.
Support : Architekturwerkstatt : Ernest Hager, Klaus Oberwalder, Stefan Schmied
Support special : Therry Berthomier, Armin Nemati, Max Walch, Guenther Filz, Tischlerei Tauber, Autoverleih Buchbinder.

ÉDITION
Éditions Alternatives /
Cité de l'architecture & du patrimoine /
septembre 2010.

Direction de l'ouvrage : Fiona Meadows,
responsable de programmes (Ifa)

Coordination éditoriale : Agnès Herpin,
coordinatrice de programmes (Ifa)
et Cindy Clech, stagiaire

Auteurs textes :
Jean-Louis Cohen, Jean Dedolin, Alice Laguarda,
Dimitri Messu, Véronique Patteeuw et Marcel Rufo

Suivi éditorial : Sabine Bledniak (éditions Alternatives)
assistée de Tery Bourdon

Conception graphique : Sylvain Enguehard

Impression / façonnage : Just Colour Grafic, Barcelone.

Numéro d'éditeur : 176992

Achevé d'imprimer en août 2010.
Imprimé en Espagne, Union européenne.